T0282064

Hacia una espiritualidad liberadora

Juan José Tamayo

Hacia una
espiritualidad liberadora

Herder

Diseño de la cubierta: Ferran Fernández

© *2023, Juan José Tamayo*
© *2024, Herder Editorial, S. L., Barcelona*

ISBN: 978-84-254-5152-2

Imprenta: Liberdúplex
Depósito legal: B-7597-2024
Printed in Spain – Impreso en España

Herder
herdereditorial.com

A Lola Josa, catedrática de la Universidad de Barcelona
y maestra de Mística del Siglo de Oro español

A Enric Subirà, rector emérito de la parroquia de Sant Medir,
y al Grup de Drets Humans que anima

Índice

Introducción

Tiempo de interespiritualidades

Esto no es un tratado de espiritualidad. ¿Cómo puede encerrarse la espiritualidad en un tratado? Sería como matar el espíritu y eliminar el dinamismo vital de los seres humanos. Ni siquiera es un libro de espiritualidad. Nada hay en él que se asemeje a aquellos libros espiritualistas de piedad que ponían en nuestras manos los «padres espirituales» de mi generación, incluso después del Concilio Vaticano II, para acallar nuestras preguntas incómodas, domesticar nuestra libertad, someter nuestra mente y nuestra conciencia a las personas que decían guiarlas cuando, en realidad, las manipulaban y nos impedían pensar, vivir y sentir con autonomía.

Todos los seres humanos tenemos derecho a la autodeterminación en el estilo de vida, en la intimidad y en la sexualidad. Sin embargo, creo que aquellas sesiones de dirección espiritual pueden calificarse de «abuso espiritual», ya que violaban la intimidad y la autodeterminación de las personas. «Del mismo modo que forzar la entrada en el cuerpo de otra persona es una violación, forzar la entrada en la vida interior de otra persona es una especie de violación del alma».[1]

---

1 Doris Lydia Friederike Resinger, «El abuso espiritual. Definición, formas y condiciones que lo propician», *Concilium. Revista Internacional de Teología* 402, septiembre de 2023, p. 114.

Era todo lo contrario al lema ilustrado que Kant formulara hace dos siglos y medio en respuesta a la pregunta ¿qué es la Ilustración?: «la salida del hombre de su autoculpable minoría de edad». A su vez, la minoría de edad significa «la incapacidad de servirse de su propio entendimiento sin la guía del otro». La permanencia en dicho estado resulta culpable cuando su causa «no reside en la carencia del entendimiento, sino en la falta de decisión y valor para servirse por sí mismo de él sin la guía del otro». Según esto, Kant resume el lema de la Ilustración en esta fórmula: «*Sapere aude!* Ten el valor de servirte de tu propio entendimiento».[2]

Lo que pretendo con este libro es contribuir a liberar la espiritualidad del secuestro al que estuvo sometida durante siglos en los manuales de ascética, que partían de una concepción dualista de los seres humanos, rechazaban su corporeidad y el disfrute del cuerpo, convertían a las personas en seres angelicales, espíritus puros, que no hacían pie en la historia y, además, no alimentaban el espíritu ni tampoco la mente y el corazón. Era lo contrario al carácter unitario e integrador de todas las dimensiones del ser humano.

Desvinculo la espiritualidad de las religiones o, al menos, no la fundamento en ellas, ya que algunas religiones la han pervertido e instrumentalizado para fines espurios o la han eliminado de su horizonte. Así pues, lo que hago es una fundamentación antropológica, que constituye la base del desarrollo posterior.

Pero ¡cuidado!, la espiritualidad tampoco puede reducirse a —o deducirse mecánicamente de— las condiciones materiales de la existencia. Posee autonomía, ciertamente, pero es relativa, ya que se sustenta en las condiciones

---

2 Johann B. Erhard *et al.*, *¿Qué es la Ilustración?*, estudio preliminar de Agapito Maestre e introducción de A. Maestre y R. Rumagosa, Madrid, Tecnos, [2]1989, p. 17.

políticas, sociales, económicas, culturales y biológicas en que vive el ser humano, al tiempo que las ilumina y transforma.

A lo largo de estas páginas propongo y desarrollo la idea y la experiencia de espiritualidades en diálogo. Espiritualidades, en plural, como un hecho a constatar, un derecho a reconocer, un valor a promover y una riqueza a cultivar. Esto contrasta con la tendencia a uniformar y jerarquizar las espiritualidades desde planteamientos hegemónicos y, en el caso de Occidente en particular, desde la hegemonía de la espiritualidad cristiana.

Tal tendencia uniformadora y jerárquica lleva a juzgar las otras espiritualidades desde criterios cristianos, a minusvalorarlas e incluso a anatematizarlas. Peor aún, conduce a la «guerra de espiritualidades», que a menudo sirve de fundamento a las guerras de religiones y al choque de civilizaciones, tan frecuentes en la historia de la humanidad hasta tiempos muy recientes.

Es necesario desactivar el falso fundamento de la «guerra de espiritualidades», todavía hoy vigente en determinados entornos geopolíticos, culturales y religiosos, y poner las bases para pasar de la espiritualidad única al pluriverso espiritual, de la actitud anti a la interespiritualidad, del anatema al diálogo y del enfrentamiento al encuentro. Así será posible que un nuevo paradigma de espiritualidad se instale en un mundo global caracterizado por la pluriversidad.

Y todo ello no desde la neutralidad política, sino en el horizonte de la liberación de las personas más vulnerables, de las clases sociales explotadas, de las mujeres sometidas a múltiples discriminaciones por razones de género, etnia, cultura, religión, clase social —hasta llegar incluso al feminicidio—; liberación de los pueblos originarios, de las comunidades negras, de la naturaleza depredada por causa del modelo de desarrollo científico-técnico androcéntrico de la Modernidad; liberación de las culturas, sabidurías y espiritualidades despreciadas y negadas hasta llegar al epistemicidio, y de las identidades afectivo-sexuales no reconocidas. Es el planteamiento del nuevo paradigma de la interespiritualidad liberadora, feminista, ecológica y contrahegemónica que este libro pretende fundamentar.

Mi propuesta de espiritualidades en diálogo constituye una respuesta argumentada y una alternativa a los fundamentalismos y exclusivismos que pretenden imponer la uniformidad en todos los ámbitos de la existencia humana. Con ella deseo contribuir al nacimiento de un tiempo nuevo: el «tiempo de las interespiritualidades».

¿Hay lugar para la espiritualidad en la era de la tecnocracia?

En la era de la cibernética, de la comunicación informática, de la tecnología convertida en tecnocracia, de la revolución científica, de la inteligencia artificial, del transhumanismo, de la revolución ecológica, de la revolución informática, del *Homo sapiens,* del *Homo oeconomicus,* de la robótica, del poshumanismo, del Antropoceno, del capitaloceno, de la zoonosis ¿hay lugar para la espiritualidad? ¿Tiene sentido hablar de espiritualidad y apelar a ella como respuesta a la pandemia y a la pospandemia de la COVID-19, que ni los economistas ni los sociólogos más perspicaces fueron capaces de prever y que causó más diez millones de muertos y doscientos millones de personas contagiadas, amén de unas consecuencias psicológicas, sociales y económicas tan destructivas?

Soy consciente de que en amplios sectores de la sociedad las preguntas mismas resultan ya de por sí incómodas, provocan malestar e incluso indignación. Suponen la desviación de los verdaderos problemas de fondo que aquejan a la humanidad y se alejan de las respuestas que hemos de dar a los grandes interrogantes y desafíos que plantea la actual crisis civilizatoria, alimentaria, ecológica, energética, etc., y, en especial, el problema de las brechas de pobreza y desigualdad que, lejos de reducirse, se tornan cada vez más profundas y más extensas. Más aún, se cree que la respuesta «políticamente correcta» tendría que ser negativa: no, no hay lugar para la espiritualidad, ni tiene por qué haberlo, ya que constituye una desviación y un freno para el progreso de la humanidad en todos los terrenos.

Seguro que recordarán a James Carville, politólogo y consultor político de candidatos a cargos públicos en los Estados Unidos, cuando dijo: «¡La economía, estúpidos, la economía!». Afirmación que reducía al ser humano hasta la estrecha dimensión del mundo económico sin entrañas, que él representaba. ¡Qué empobrecimiento!

Hoy el aforismo de James Carville se reformularía así: «¡La tecnoeconomía, estúpidos, la tecnoeconomía! Fuera de ella no hay salvación». Es el grito de los tecnoeconomistas, para quienes la espiritualidad pertenece a un estilo de vida ya superado, a un paradigma de otras épocas, es contraria a la ciencia, suena a música celestial y, en todo caso, resulta una evasión y una huida de la realidad. Y lo será aún más en el futuro.

Tanto a Carville como a los tecnoeconomistas y a los transhumanistas habría que recordarles lo que afirmara Ludwig Wittgenstein:

> Sentimos que aun cuando todas las posibles cuestiones científicas hayan recibido respuesta, nuestros problemas vitales todavía no se han rozado en lo más mínimo. Por supuesto que entonces ya no queda pregunta alguna, y esta es la pregunta.[3]

---

3 Cf. Ludwig Wittgenstein, *Investigaciones filosóficas,* traducción, introducción y notas críticas de Jesús Padilla Gálvez, Madrid, Trotta, ²2021.

De la misma opinión es Ernst Bloch,[4] quien asevera que en una sociedad donde estuvieran resueltos los problemas sociales y se estableciera la justicia de manera generalizada, seguirían planteándose las preguntas fundamentales sobre el sentido y el sinsentido de la existencia humana y sobre la teleología de la historia.

Yo creo que es *en la espiritualidad donde se juega la verdadera identidad del ser humano, su humanización o deshumanización, su carácter conformista o interrogativo* ante los problemas fundamentales en torno al sentido y sinsentido del ser humano y del mundo, su carácter compasivo o inmisericorde en la crisis civilizatoria que vivimos y su actitud solidaria o insolidaria en los momentos dramáticos acontecidos durante la pandemia y la pospandemia, que han afectado a toda la humanidad, sobre todo a los sectores más vulnerables de la sociedad, dejando consecuencias negativas difíciles de reparar.

Diría más: la espiritualidad constituye una de las dimensiones fundamentales de las religiones. Sin embargo, estas la han sepultado con frecuencia bajo el peso de la institucionalización, el clericalismo, el dogmatismo, el patriarcado, la mercantilización de lo sagrado y los fundamentalismos, que suelen desembocar en violencia, e incluso del espiritualismo, que es una perversión de la espiritualidad.

No pocas de las críticas que se hacen a las religiones, tanto desde dentro como desde fuera de las mismas, inciden en su olvido de la espiritualidad. Y llevan razón. A menudo envueltas en luchas por el poder y en alianzas con los poderosos, han renunciado a la dimensión de profundidad, que es donde habita la espiritualidad. Recluidas en un discurso autorreferencial, no logran ver el espíritu

---

4 Ernst Bloch, *Derecho natural y dignidad humana,* edición, estudio introductorio y notas de Francisco Serra, Madrid, Dykinson, 2011, pp. 460ss.

que aletea en el mundo y que está presente en experiencias humanas de sentido radical. Refugiadas en la seguridad que les proporcionan sus doctrinas, mientras vivimos tiempos de intemperie cognitiva, no reparan en que su identidad no se encuentra en certezas pétreas, sino en la búsqueda de nuevas experiencias espirituales en sintonía con los nuevos climas culturales, inciertos e inseguros. Preocupadas por la felicidad de las almas en el más allá descuidan la salud integral aquí y ahora, elemento fundamental de la espiritualidad de la vida.

En mi opinión, solo si las religiones retornan a la espiritualidad, a una espiritualidad integral, recuperarán la credibilidad perdida y encontrarán su sentido y su razón de ser. De lo contrario, corren el riesgo de desaparecer y no podrán culpar a instancias externas de su fracaso e incluso de su posible muerte.

Pues bien, aun a sabiendas de que voy contra corriente y de que me muevo dentro de lo política y religiosamente incorrecto, mi postura es, emulando a André Malraux, que el siglo XXI será espiritual o no será. También coincido con el teólogo Karl Rahner:

> El cristiano del futuro será místico o no será cristiano [...].
> El hombre espiritual del futuro o será místico, es decir, una persona que ha experimentado algo, o no será más. Porque la espiritualidad del futuro no será transmitida ya más a través de una convicción unánime, evidente y pública, o a través de un ambiente religioso generalizado, si esto no presupone una experiencia y un compromiso personal.[5]

Y añadía: «Sin la experiencia religiosa interior de Dios, ningún hombre [sic] puede permanecer siendo cristiano a la larga bajo la presión del actual ambiente secularizado».

5 Citado en Johann Baptist Metz, *Por una mística de ojos abiertos. Cuando irrumpe la espiritualidad,* Barcelona, Herder, 2013.

Estamos, sin duda, ante uno de los pensamientos teológicos más profundos y proféticos del cristianismo de los últimos cincuenta años.

Tristemente, la institución oficial de la Iglesia, y dentro de ella el magisterio eclesiástico, no prestó atención a muchas de las lúcidas propuestas de reforma eclesial que hizo Karl Rahner a lo largo de su extenso y riguroso magisterio teológico, de un profundo compromiso reformador, como tampoco hicieron caso los papas Juan Pablo II y Benedicto XVI.

JosephRatzinger[6] se mostró siempre muy distante de su colega Karl Rahner desde que ambos fueron asesores del Concilio Vaticano II, como el propio Ratzinger declara en su obra *Mi vida,* en la que reconoce que ya entonces se encontraban en distintas galaxias. La distancia fue todavía mayor cuando Ratzinger fue nombrado por Juan Pablo II prefecto de la Congregación para la Doctrina de la Fe.

*

Este libro está dividido en cinco capítulos. El primero se refiere a la espiritualidad como dimensión fundamental del ser humano, más allá de las creencias o increencias religiosas.

El segundo centra su atención en la espiritualidad como dimensión fundamental del cristianismo en el seguimiento de Jesús de Nazaret.

El tercero analiza el fenómeno de la diversidad religiosa y cultural como hecho, necesidad y riqueza de lo humano y de una experiencia religiosa a potenciar, y propone un nuevo paradigma de espiritualidad para el siglo XXI con las siguientes características: intercultural, interiden-

---

6 Joseph Ratzinger, Benedicto XVI, *Mi vida. Autobiografía,* Madrid, Encuentro, 2013.

titaria, en diálogo de civilizaciones, interespiritual, inter-liberadora, en perspectiva feminista, en lucha contra el Imperio desde la lógica del reino de Dios y ubicada en el mundo de la exclusión.

El cuarto reflexiona sobre la espiritualidad de las personas no creyentes a partir de mis encuentros con José Saramago, y vincula la espiritualidad con la salud integral en el compromiso por aliviar los sufrimientos de los seres humanos.

El quinto analiza, brevemente, la relación entre filosofía y mística en autores como Henri Bergson y María Zambrano y la vinculación de la mística con el ateísmo, siguiendo el rastro de algunos místicos como el Maestro Eckhart, san Juan de la Cruz y Angelus Silesius y la lectura que de ellos hacen autores como Ernst Bloch, que desemboca en la propuesta, por paradójica que resulte, de un «ateísmo místico».

I. La espiritualidad: dimensión fundamental del ser humano

Arthur Schopenhauer define al ser humano como «animal metafísico» y el filósofo francés André Comte-Sponville como «ser espiritual».[1] La espiritualidad es «el aspecto más noble del ser humano, su función más elevada», afirma.[2] Negarla es como amputar una parte de nuestra humanidad, como castrar el alma. Quien lo afirma no es una persona vinculada a alguna religión, sino un ateo confeso y convicto.[3]

Para Comte-Sponville, la espiritualidad es la vida en el espíritu. Pero ¿qué es el espíritu? Descartes lo define como una cosa pensante, es decir, una cosa que duda, que concibe, que afirma, que niega, que quiere, que no quiere, que también imagina y siente. Comte-Sponville presenta el espíritu no como una sustancia, sino como una

---

1 Cf. Arthur Schopenhauer, *El mundo como voluntad y representación I,* Madrid, Trotta, 2016; II, Madrid, Trotta, 2019.

2 Cf. André Comte-Sponville, *El alma del ateísmo. Introducción a una espiritualidad sin Dios,* Barcelona, Paidós, ³2022.

3 «No solo fui educado en el cristianismo; creí en Dios con una fe muy viva, aunque atravesada por las dudas hasta los 18 años. Luego perdí la fe y fue una liberación: ¡todo se volvía más simple, más ligero, más abierto, más fuerte! […]. ¡Qué libertad! ¡Qué responsabilidad! ¡Qué libertad! ¡Qué júbilo! Sí, desde que soy ateo, tengo la sensación de que vivo mejor: más lúcidamente, más libremente, más intensamente. Sin embargo, no podría postularlo como una ley general». *Ibid.,* pp. 23-24.

función, una potencia, un acto de pensar, de querer, de imaginar, incluso de bromear. Es la apertura del ser humano finito a la infinitud, del ser humano efímero a la eternidad, del ser humano relativo al absoluto.

La espiritualidad es su dimensión fundamental. Es tan inherente a él como su corporalidad, su sociabilidad, su praxicidad, su subjetividad, su racionalidad, su historicidad, su laboriosidad, su creatividad, su libertad, su afectividad, su emotividad, su projimidad, su eticidad y su carácter proyectivo y utópico. Pertenece, por tanto, a su sustrato más profundo.[4] El ser humano no puede renunciar a ella, como tampoco a las otras dimensiones citadas. De lo contrario, caería en la reducción unidimensional, como ya afirmara Herbert Marcuse en *El hombre unidimensional*.[5] Bien podríamos afirmar que la espiritualidad es patrimonio de la humanidad, de todos los seres humanos, sean o no personas religiosas.[6]

Ahora bien, no es independiente de otras dimensiones ni puede aislarse de ellas. Una espiritualidad desvinculada de la corporalidad desemboca en espiritualismo; desconectada de la razón, acaba en sentimentalismo; sin relación con la praxis termina siendo pasiva; desarraigada de la historia es evasión de la realidad; sin intersubjetividad se torna impersonal; sin sociabilidad desemboca en solipsismo; sin horizonte utópico acaba en fatalismo; sin compasión por las víctimas se queda en actitud angelical; sin solidaridad con las personas sufrientes no pasa de ser puro asistencialismo; sin identificación con los sectores empobrecidos se torna arro-

4 Cf. Jon Sobrino, *Liberación con espíritu. Apuntes para una nueva espiritualidad,* Santander, Sal Terrae, 1985, p. 39.

5 Cf. Herbert Marcuse, *El hombre unidimensional. Ensayo sobre la ideología de la sociedad industrial avanzada,* Barcelona, Ariel, 1968.

6 Cf. Jordi Corominas, *Entre dioses y la nada. Religiones, espiritualidades, ateísmo,* Barcelona, Fragmenta, 2023, p. 66.

gante y elitista; sin comunicación con las otras personas termina en individualismo; sin experiencia vital acaba en intelectualismo; sin amor, como afirma Pablo de Tarso, es como campana que suena o címbalo que retiñe (1Cor 13,1).

Pero la espiritualidad tampoco puede reducirse a —o deducirse mecánicamente de— las condiciones materiales de la existencia. Como mencioné con anterioridad, está dotada de autonomía, si bien es relativa, ya que se sustenta en las condiciones políticas, sociales, económicas, culturales, biológicas, ambientales, educativas, laborales, étnicas o psicológicas en las que vive el ser humano, al tiempo que las ilumina y modifica en pro de una concepción integral de este. Es necesario, por ello, evitar dos peligros: la total separación de la espiritualidad de las demás dimensiones del ser humano, que desembocaría en dualismo, y la identificación con dichas dimensiones, que conformaría un todo indiferenciado.

La relación entre las distintas dimensiones es dialéctica: todas ellas son codeterminantes y se codeterminan.[7] Lo espiritual y lo material, lo individual y lo social, lo personal y lo estructural, lo trascendente y lo inmanente, lo humano y lo religioso, la contemplación y la acción, la fe y la justicia, el trabajo y la oración no se identifican, pero tampoco existen separadamente; entre todas ellas se da una «unidad diferenciada».[8]

La espiritualidad suele asociarse con la religión, de ahí que se piense en que una persona no religiosa no puede tener espiritualidad. Incluso se tiende a confundirla con prácticas y ritos religiosos o, peor aún, con actos de ma-

---

7 Cf. Ignacio Ellacuría, «Espiritualidad», en Casiano Floristán y Juan José Tamayo (eds.), *Conceptos fundamentales del cristianismo*, Madrid, Trotta, 1993; José María Castillo, *Espiritualidad para insatisfechos*, Madrid, Trotta, 2007.

8 Cf. Jon Sobrino, *Liberación con espíritu, op. cit.*

gia y superstición para controlar el misterio y ponerlo al servicio de intereses espurios. Sin embargo, no es así.

La espiritualidad tiene una base antropológica: todos los seres humanos nos movemos por motivaciones, tenemos convicciones profundas, valores e ideales, experiencias fontales, opciones existenciales, nos planteamos preguntas, buscamos respuestas que no siempre encontramos y nos proponemos metas que no siempre logramos. Todo esto configura la naturaleza de los seres humanos y conforma nuestro ser, vivir y actuar.[9]

Recurriendo al expresivo lenguaje de Zubiri, recuperado e reinterpretado creativamente por Ignacio Ellacuría,[10] puede afirmarse que la espiritualidad consiste en ubicarse en la realidad con honradez, echar raíces en ella, no evadirse ni echar los pies por alto o encaramarse a las nubes. Conlleva hacerse cargo de la realidad no de manera distante y objetivista, no desde la fría razón instrumental, sino desde la sensibilidad compasiva y la ternura, como afirma el papa Francisco, quien en la encíclica *Fratelli tutti* la define bellamente así: «Es el amor que se hace cercano y concreto. Es un movimiento que procede del corazón y llega a los ojos, a los oídos, a las manos [...]. Es el camino que han recorrido los hombres y las mujeres más fuertes».[11]

La espiritualidad implica encargarse de la realidad en aras de su transformación, así como de la liberación de las esclavitudes a las que la someten los diferentes sistemas de dominación culturales, políticos, económicos y religiosos: el capitalismo, el colonialismo, el patriarcado,

---

9 Cf. Casiano Floristán, «Espiritualidad cristiana», en *id.* (dir.), *Nuevo diccionario de Pastoral,* Madrid, Ediciones San Pablo, 2002, p. 499.

10 Cf. Ignacio Ellacuría, *Cursos universitarios,* San Salvador, UCA, 2009. Para un desarrollo filosófico-político riguroso del tema, cf. Javier López de Goicoechea Zabala, *Hacerse cargo de la realidad. Sobre la teología-política de Ignacio Ellacuría,* Granada, Comares, 2021.

11 Francisco, *Fratelli tutti. Sobre la fraternidad y la amistad social,* n. 194.

los fundamentalismos, el supremacismo blanco, el imperialismo, el racismo, la aporofobia, etc. Se caracteriza por cargar con la realidad en toda su complejidad y conflictividad y desvelar las asimetrías que operan en ella a través de un riguroso análisis de la misma y del compromiso personal y social.

A las tres propuestas de Zubiri y Ellacuría: ubicarse en la realidad, hacerse cargo de la realidad y cargar con la realidad, que yo considero aspectos fundamentales de la espiritualidad, Jon Sobrino añade una cuarta: dejarse cargar por la realidad.[12]

La espiritualidad consiste en plantearse y responder, al menos en actitud de búsqueda, a las grandes preguntas por el sentido y el sinsentido de la vida, de la historia, del sufrimiento, del mal. Eso es lo que hacen las diferentes filosofías, cosmovisiones y religiones. Sofocar estas preguntas y respuestas constituye una eliminación de la espiritualidad de los seres humanos y un achicamiento de su profundidad existencial. Emmanuel Carrère lo plantea de manera fundada en un texto que no me resisto a citar a pesar de su longitud:

> Muchas personas pueden vivir toda su vida sin que les rocen estas preguntas (¿qué hago yo aquí? ¿Y qué significa «yo»? ¿Y qué es eso de «aquí»?), y si se las hacen es de una manera muy fugaz y no les cuesta sacudírselas de encima. Fabrican y conducen coches, hacen el amor, charlan junto a la máquina de café, se irritan porque hay demasiados extranjeros en Francia, preparan sus vacaciones, se preocupan por sus hijos, quieren cambiar el mundo, tener éxito, cuando lo tienen temen perderlo, hacen la guerra, saben que van a morir, pero lo piensan lo menos posible, y todo esto, a fe mía, es suficiente para llenar una vida. Pero existe otra clase

12 Jon Sobrino, *Fuera de los pobres no hay salvación,* Madrid, Trotta, 2007, p. 61.

de personas para las cuales no basta. O es demasiado. En cualquier caso, no se conforman con eso. Podemos debatir sin fin si son más o menos sabias que las otras, lo cierto es que nunca se han recuperado del estupor que les prohíbe vivir sin preguntarse por qué viven, qué sentido tiene todo esto, si es que lo tiene. La existencia para ellas es un signo de interrogación y aunque no excluyen que este interrogante no tenga respuesta la buscan, es más fuerte que ellas. Dado que otros la han buscado antes, y que algunos, incluso, pretenden haberla encontrado, se interesan por sus testimonios. Leen a Platón y a los místicos, se convierten en lo que llamamos espíritus religiosos, fuera de toda Iglesia.[13]

Coincido con Comte-Sponville en que no resulta contradictorio hablar y defender una espiritualidad laica, sin Dios, sin dogmas, sin religión, sin Iglesias. Dicha espiritualidad se encuentra ya en la sabiduría griega, en el taoísmo, en el budismo y en el jainismo. La espiritualidad que Comte-Sponville propone para los ateos es «una espiritualidad de la fidelidad más que de la fe, de la acción más que de la esperanza [...], del amor más que del temor o de la sumisión».[14] Así como el espíritu es inmanente y la inmanencia es lo natural, también lo es la espiritualidad.

Los rasgos comunes a toda espiritualidad auténtica, sea o no religiosa, son los siguientes:[15]

– Apertura y respeto por el Misterio, que nos circunda y no es manipulable. Estamos rodeados de

13 Emmanuel Carrère, *El reino,* Barcelona, Anagrama, p. 21.
14 André Comte-Sponville, *El alma del ateísmo, op. cit.,* p. 149.
15 Para un desarrollo más amplio y muy lúcido de los aspectos convergentes de las diferentes espiritualidades, recomiendo las páginas que dedica al tema Félix Placer Ugarte en *Hacia un diálogo entre espiritualidades. Desde el pluralismo ante el sentido de la vida,* con prólogo de José Arregi y epílogo de Juan José Tamayo, Valencia, Tirant, 2021, pp. 82-87.

misterio. Nuestra propia vida y la del cosmos son un misterio. Al Misterio le es aplicable el carácter de «inefable», que Wittgenstein define así: «lo inefable (aquello que me parece misterioso y que no me atrevo a expresar) proporciona quizá el trasfondo sobre el cual adquiere significado lo que yo pudiera expresar».[16] El Misterio no puede considerarse irracional, pero va más allá de la racionalidad.

– Concepción esperanzada del ser humano y de la historia, asumiendo también el lado negativo de la existencia y el fracaso en que pueden desembocar las acciones humanas, pero no como momento final, sino como una etapa en el caminar de la que se sale fortalecido. Es lo que llamamos «resiliencia».

– Serenidad como el equilibrio entre la mente y el cuerpo.

– Gratuidad frente al mercantilismo y gratitud por lo recibido. Todo lo que tenemos nos viene dado gratis. No podemos comerciar con ello.

– Búsqueda de la interioridad, de la intimidad del ser humano, y un adentramiento en la «cualidad humana profunda» de la persona (Marià Corbí).

– Descubrimiento de lo trascendente en lo inmanente.

– Reconocimiento, encuentro y corriente cálida de comunicación con las otras y los otros hasta conformar un nosotros inclusivo.

---

16 Ludwig Wittgenstein, *Tractatus Logico-Philosophicus,* Madrid, Gredos, 2007, p. 133.

- Cultivo y celebración de la amistad.

- Encuentro gozoso con la naturaleza, disfrute de ella, no su explotación; respeto y amor hacia ella, no su depredación.

- Vivencia personal y comunitaria de la fe-confianza, de la esperanza activa y del amor compasivo, los tres faros que iluminan el camino de la humanidad en la oscuridad del presente. El sujeto de las tres virtudes antropológicas es el yo, pero no solo como individuo, sino como hermano y hermana, como prójimo.

- Contemplación, profundidad y silencio.

- Consentimiento y convivencia frente a coexistencia.

- Compasión, ponernos en el lugar del otro, del lado del otro, lo que lleva a compartir y condividir alegrías y tristezas, esperanzas y desencantos, sufrimientos y disfrutes vitales, vivires y sentires.

- Espiritualidad militante, que se traduce en el compromiso personal y colectivo por la construcción de un mundo ecohumano, fraterno-sororal más justo y solidario, que compagine protestas y propuestas, denuncia de las injusticias y anuncio de Otro Mundo Posible, justicia cognitiva, social y ecológica.

- Práctica de la «razón cordial», capaz de armonizar la inteligencia, los sentimientos y el coraje (Adela Cortina).

- Educación en una ciudadanía no reducida a la nacionalidad, sino global, que se guíe por los valores morales, fomente la convivencia y reconozca los derechos humanos de todas las personas.

- Fidelidad y honestidad con lo real, pero sin instalarse cómodamente en ello, sino yendo más allá.

- Esperanza resiliente, que no se deje vencer por el miedo.

- Resistencia y no sumisión frente a la injusticia.

- Reconocimiento de los otros y las otras, y actitud ética de respeto y buen trato.

Una característica de las espiritualidades religiosas es la relación con lo divino, que nos trasciende y que es, al mismo tiempo, interior y, por tanto, superador de la dualidad divino/humano. Dios, decía Agustín de Hipona, es más íntimo que mi propia intimidad. Hay que encontrar a Dios en el fondo del ser, afirmaba el teólogo Paul Tillich, más allá del teísmo, de todos los teísmos: filosófico, teológico, político, económico, cultural, etc.

Estas características trascienden la imagen y la experiencia que ofrece Occidente de la espiritualidad.

II. La espiritualidad, dimensión fundamental del cristianismo

1. Cambios en la espiritualidad cristiana

La espiritualidad es una de las manifestaciones del cristianismo que más profundas transformaciones ha sufrido en las últimas décadas. Durante siglos, la teología vivió de espaldas a la espiritualidad, se confundió con la ascética y no pasó de ser un discurso abstracto, formalmente correcto, bien ordenado sistemáticamente, con una metodología impecable pero carente de espíritu, de dinamismo vital, desvinculado de la naturaleza y del ser humano de carne y hueso. Los momentos más brillantes y creativos del discurso cristiano fueron aquellos que supieron articular espiritualidad y teología, espiritualidad liberadora y compromiso.

A partir de los años sesenta del siglo pasado y por influencia del Concilio Vaticano II, la espiritualidad empezó a distanciarse del modelo institucional y mental del cristianismo, que exigía el abandono del mundo como condición necesaria para vivir cristianamente por considerarlo enemigo del alma junto con el demonio y la carne. La alternativa era vivir la espiritualidad en el mundo como espacio privilegiado de salvación. La espiritualidad dejaba de ser una forma de alienación para convertirse en una fuerza de liberación.

En los años setenta asistimos a un amplio despliegue de los movimientos carismáticos, cuya referencia central era el Espíritu vivido a través de las más variadas experiencias interiores, desde el éxtasis hasta la glosolalia pasando por la sanación y otras manifestaciones espectaculares. En las décadas posteriores la espiritualidad se desplegó a través de formas tanto religiosas como laicas que buscaban la armonía con la naturaleza, el anhelo de trascendencia y la recuperación del sentido de la vida en un mundo amenazado por el sinsentido generado por la carrera de armamentos, la voracidad del capitalismo y el fenómeno de la pobreza estructural. La espiritualidad suponía una forma de lucha contra esas situaciones inhumanas.

En el siglo XXI, en plena crisis civilizatoria provocada por un neoliberalismo rampante —el neoimperialismo colonizador y la exclusión social y cultural—, la espiritualidad tiene una nueva faz: la de la resistencia frente a la globalización neoliberal. Resistencia liderada por los movimientos sociales en los que participan numerosos colectivos y personas vinculados a diferentes tradiciones religiosas bajo el imperativo ético de la opción por las personas más vulnerables, las clases sociales explotadas, los sectores empobrecidos y los pueblos oprimidos sin recursos, con la mirada puesta en la utopía de otro mundo posible. Es en ese contexto donde se pretende vivir la «santidad política».

El Espíritu significa dinamismo, vida, soplo, vitalidad, libertad. Así entendido, ha mantenido vivo al cristianismo durante las múltiples crisis por las que ha pasado, evitando que la Iglesia cristiana se convirtiera en una institución desprovista de espiritualidad. Los movimientos de renovación espiritual, muchos de ellos considerados herejes, han salvado a la Iglesia de confundirse con el poder, la han liberado de su fagocitación por las fauces de los poderosos y han puesto en práctica el consejo de Pablo de Tarso: «No apaguéis el Espíritu, no menospreciéis los dones proféticos. Examinadlo todo y quedaos con lo bueno. Apartaos de todo tipo de mal» (1 Tes 5,19-22). Esta llamada de atención de Pablo a los dirigentes de la comunidad de Tesalónica sigue teniendo vigencia hoy, cuando el espíritu profético se encuentra bajo mínimos.

Cabe subrayar que el Espíritu actúa siempre desde abajo, desde la gente humillada, las personas y los colectivos insignificantes, las organizaciones comprometidas con las causas perdidas, no desde las cúpulas de poder que lo sofocan. Los poderes político y religioso persiguieron a los profetas de Israel guiados por el Espíritu porque les resultaban incómodos por denunciar sus abusos, su corrupción, su autoritarismo, su opresión, etc. Lo recuerda y denuncia Jesús de Nazaret: «¡Jerusalén, Jerusalén, que matas a los profetas y apedreas a los que Dios te envía» (Mt 23,37).

En la sinagoga de Nazaret, Jesús se aplica a sí mismo el texto del profeta Isaías en el que se presenta como el mensajero de la buena noticia para las personas empobrecidas, el de la liberación de los cautivos y de la devolución de la vista a las personas ciegas (Lc 4,16-21; cf. Is 61,1-2). El mismo Jesús alaba a Dios por haber escondido los misterios del reino a los sabios y prudentes y habérselos dado a conocer a la gente sencilla, e invita a las personas agobiadas y fatigadas a ir hacia él para aliviar sus penas (Mt 11,25-30).

La historia del cristianismo es pródiga en ejemplos en los que el Espíritu actúa desde abajo, en los submundos, en el mundo de la marginación. ¿Ejemplos? Las órdenes mendicantes, el movimiento de las beguinas, las corrientes místicas inconformistas y críticas con el poder político y religioso, los valdenses, el movimiento del Libre Espíritu, la Reforma protestante radical, etc.

Gracias a la espiritualidad emanada del espíritu evangélico, dichos movimientos vivieron la experiencia religiosa desde el desprendimiento, el desasimiento, el vaciamiento de sí mismos y la *kénosis* como elección libre y opción radical. El lugar social de estos movimientos era el mundo de la pobreza, de la marginación, de la exclusión social. Su compromiso se centró en la lucha contra las causas que generaban dicho mundo; su solidaridad se orientó hacia las poblaciones durante las grandes pestes que asolaron países enteros; su actitud crítica se dirigió contra la institución eclesiástica aliada con el poder y ajena a las víctimas del sistema opresor feudal, y su apuesta se decantó por la paz basada en la justicia como alternativa a las guerras de religiones.

2. El seguimiento de Jesús y su praxis liberadora: guía de la espiritualidad cristiana

La fuente de inspiración de la espiritualidad cristiana es Jesús de Nazaret, que fue una persona creyente en el horizonte de la libertad, ubicada en los márgenes de la sociedad, identificada con las personas excluidas de la religión judía y de la ciudadanía heterodoxa de la religión oficial, indignada con el patriarcado, crítica con las autoridades religiosas y políticas y con el poder económico hasta declarar la incompatibilidad entre servir a Dios y al dinero (Mt 6,24).

Realizó prácticas de liberación de los colectivos empobrecidos, a quienes declaró bienaventurados; de los pecadores, publicanos y prostitutas, de quienes dijo que precederían a los escribas y fariseos en el reino de los cielos; de las mujeres, a quienes incorporó en su movimiento igualitario.

La espiritualidad cristiana se sitúa en el horizonte del seguimiento de Jesús y de la prosecución de su causa. La guía de la espiritualidad cristiana es el seguimiento de Jesús de Nazaret y su praxis liberadora. Sin ánimo de ser exhaustivo voy a referirme a algunos de los principales rasgos que definen dicho seguimiento.

Vida itinerante

La vida itinerante es una exigencia del seguimiento y de la misión que Jesús encomienda a sus seguidores y seguidoras (Mt 10,5-15; Mc 6,7-13; Lc 9,1-6). Se trata de una exigencia que no resulta cómoda, por muy atractivo que parezca a primera vista vivir al margen de las convenciones sociales. Quienes optan por ese estilo de vida tienen que afrontar muchos riesgos: chocan con la hostilidad del ambiente, incluso de la propia familia, se ven sometidos a persecuciones, acusaciones ante los tribunales por inadaptación, subversión y transgresión del orden establecido y de la moral convencional, tienen que soportar odios, torturas o expulsión de los lugares que visitan (Mt 10,16ss) y ponen su vida en peligro.

Ética a-familiar radical

Una segunda característica es la *ética a-familiar radical,* que da lugar a un cambio en la concepción de la familia y del parentesco, no definidos por los lazos de la sangre y de la carne, sino por la formación de una comunidad de iguales, la escucha y la puesta en práctica de la palabra de Dios y la tarea común de anunciar su reino a las personas y a los colectivos empobrecidos como Buena Noticia de liberación. Se produce así una relativización incluso de los lazos paterno-materno-fraterno-filiales, los más fuertes desde el punto de vista biológico y afectivo, sin que ello signifique desprecio hacia la propia familia o condena de los lazos de parentesco.

La relativización de la familia implica un cuestionamiento de la identificación de la mujer con la maternidad, tan frecuente entonces y ahora. Dos son las fuentes o tradiciones que ponen de manifiesto dicho cuestionamiento por parte de Jesús. Una pertenece a Marcos: Jesús está discutiendo con los escribas en medio de mucha gente que se encuentra en derredor suyo, y le comunican que lo están buscando su madre, sus hermanos y sus hermanas (Mc 3,31-32). Jesús les contesta primero con una pregunta que sorprende al auditorio: «¿Quiénes son mi madre y mis hermanos?», a la que enseguida responde mirando a quienes se encuentran sentados a su lado: «Estos son mi madre y mis hermanos. Quien cumpla la voluntad de Dios, ese es mi hermano, mi hermana y mi madre» (Mc 3,34-35 par; Mt 12,49-50; Lc 8,21).

Como subrayan Bruce J. Malina y Richard L. Rohrbaugh, estamos ante un texto programático de Marcos, quien muestra cómo el anuncio de la Buena Noticia del reino de Dios teje nuevos lazos familiares entrelazados en torno a la aceptación del mensaje de Jesús de Nazaret. Hay aquí un claro alejamiento del templo, de la familia biológica y del entramado social en que se sentían atrapados.[1]

Otra fuente que cuestiona la identificación de la mujer con la función materna pertenece al material propio de Lucas (11,27-28), que describe el diálogo de Jesús con una mujer que, en tono elogioso hacia su madre, le dice: «Dichoso el seno que te llevó y los pechos que te amamantaron». A lo que Jesús le responde en términos similares al texto de la tradición de Marcos: «Mejor ¡dichosos los que escuchan el mensaje de Dios y lo cumplen!» (Lc 11,28).

Con esta respuesta corrige la reducción de la mujer al papel de madre y su dedicación a la crianza de los hijos que iba asociada a la maternidad. Se trata de una moción de censura a la ideología patriarcal imperante entonces y que pervive hoy en día. Una ideología asimilada y asumida con frecuencia por las propias mujeres, que no podían liberarse de la tela de araña de esa ideología patriarcal.

---

1 Cf. Bruce J. Malina y Richard L. Rohrbaugh, *Los evangelios sinópticos y la cultura mediterránea en el siglo I. Comentario desde las ciencias sociales*, Estella (Navarra), Verbo Divino, 1996, p. 158.

Liberación de las estructuras patriarcales

Llegamos así a la *liberación de las estructuras patriarcales,* que es la consecuencia de lo que acabo de exponer. En esto insiste, con razón y fundamento, la hermenéutica feminista de los textos evangélicos.[2] El carácter universal del movimiento de Jesús no se manifiesta únicamente en la opción por los pobres como categoría social. En tiempos de Jesús, como a lo largo de toda la historia de la humanidad hasta hoy en día, la pobreza y con ella la opción por los pobres tienen que ser vistas y analizadas también desde la perspectiva de género.

En ese sentido, una de las exigencias del seguimiento de Jesús es la liberación de las estructuras patriarcales, sexistas y androcéntricas. Ese es uno de los aspectos más revolucionarios y subversivos del movimiento de Jesús de Nazaret. La opción por los pobres y la liberación de las estructuras patriarcales no son incompatibles. Todo lo contrario: son dos dimensiones fundamentales, complementarias e inseparables de la liberación que anuncia y en la medida de lo posible hace realidad Jesús de Nazaret con hechos y palabras, es decir, con el ejemplo de vida.

La ausencia de una de esas dimensiones constituiría una grave mutilación del proyecto liberador jesuánico. Louise Schottroff expresa muy claramente esa complementariedad en el caso de María: «Una pobre mujer se ha convertido en la madre del Mesías de Israel, en cuyo nombre los mensajeros proclaman el advenimiento del reino de Dios».[3]

Hay que compaginar la lectura histórico-social con la histórico-feminista y con otras como la histórico-cul-

---

2 Elisabeth Schüssler Fiorenza, *En memoria de ella. Una reconstrucción teológico-feminista de los orígenes del cristianismo,* Bilbao, Desclée de Brower, 1989, pp. 189 ss.

3 Louise Schottroff, «Frauen in der Nachfolge Jesu in neutestamentlicher Zeit», en W. Schottroff y W. Stegemann (eds.), *Traditionen der Befreiung,* vol. 2. *Frauen in der Bibel,* Múnich, Kaiser, 1980, p. 112.

tural, la antropológica, la política, etc., todas necesarias y complementarias. Las formas de marginación de las mujeres son múltiples y se dan en racimo, van juntas y se refuerzan entre sí hasta generar la exclusión o, peor aún, la invisibilidad en el lenguaje, en la vida pública, en la religión, en la actividad laboral. En la mayoría de las sociedades de ayer y de hoy, la discriminación de género va acompañada de otras discriminaciones: de clase, etnia, cultura, religión o identidad afectivo sexual.

En las tradiciones jesuánicas preevangélicas hay textos que cuestionan en su raíz las estructuras patriarcales del matrimonio (Mc 10,20-9; 12,18-27), defienden un *ethos* a-familiar (Fuente Q: Mc 10,29b; Mt 10,34-36; par Lc 12,51-53) y proponen relaciones libres de toda dominación en la comunidad de los discípulos y las discípulas (Mc 9,33-37; 10,42-45, con las adaptaciones de Mt 20,26-27 y Lc 22,24-27).[4]

Dios no creó el patriarcado. Creó personas libres, hombres y mujeres. Lo que Dios ha unido no se refiere a una concepción patriarcal del matrimonio en la que la mujer esté sometida al varón. La unión que el ser humano no puede separar es la asociación igualitaria de la pareja, no el matrimonio patriarcal, que es contrario al proyecto originario de Dios sobre las relaciones interhumanas.

Incompatibilidad entre Dios y el dinero

Otra condición necesaria del seguimiento de Jesús es la *incompatibilidad entre Dios y el dinero*. Quizá se trate de la exigencia más radical que establece el Evangelio, y no la que pudiera darse entre Dios y la sexualidad, entre el seguimiento de Jesús y el derecho al cuerpo o entre el amor

4 Cf. Elisabeth Schüssler Fiorenza, *En memoria de ella, op. cit.*, pp. 191-203.

a Dios y el amor humano, como creen no pocos jerarcas en función de una concepción negativa, represiva y harto obsesiva del cuerpo humano. Así de tajante se muestra Jesús de Nazaret en esta materia: «Nadie puede servir a dos señores; porque aborrecerá a uno y amará al otro; o bien se entregará a uno y despreciará al otro. *No podéis servir a dos señores: a Dios y al Dinero*» (Mt 6,24).

Para referirse al dinero el texto evangélico utiliza el término hebreo *mammón,* que es el dinero que comercia con la vida de los pobres. Para el idólatra económico la vida de los pobres posee menos valor que sus bienes materiales. Comercia también con la vida de la naturaleza, depredada hoy por la voracidad del sistema económico neoliberal, cuyo único derecho a proteger es la propiedad privada. El mandato de Jesús tiene carácter de *imperativo categórico* para todos los cristianos y cristianas, empezando por los que están encaramados en lo más alto de la pirámide eclesiástica: el Papa, los obispos y los sacerdotes.

Esa incompatibilidad ha sido transgredida, y con escándalo público, en la Iglesia católica española. Tres ejemplos de ayer y de hoy lo confirman. Uno fue el caso de Gescartera, que consistió en la colocación del dinero de la Iglesia en bolsa, un dinero cuyos principales destinatarios eran los pobres. Otro fue la prima de jubilación millonaria que se aplicó el sacerdote y canónigo cordobés Miguel Castillejos, presidente de CajaSur. El tercer ejemplo son las inmatriculaciones por parte de la jerarquía católica de 100.000 bienes, muchos de los cuales pertenecen al pueblo. Los tres ejemplos demuestran que dicha jerarquía está instalada en el neoliberalismo.

Algunas instituciones eclesiásticas católicas optan por la lógica de la acumulación, que las instala en una manifiesta contradicción. La inversión del dinero de la Iglesia católica en bolsa fue justificada por algunos de sus jerarcas apelando a la rentabilidad: «Invertir en bolsa no es cristiano ni no cristiano. Es, simplemente, rentable», aseveraba con pasmosa naturalidad el obispo de Palencia, Rafael Palmero, a propósito de las críticas por la implicación de algunas instituciones católicas en la usura.

La incompatibilidad entre Dios y el dinero lleva directamente a la renuncia a las posesiones y a la acumulación de bienes y, en definitiva, a una vida austera: «No llevéis oro ni plata, ni dinero en el bolsillo; ni zurrón para el camino, ni dos túnicas, ni sandalias, ni cayado, porque el obrero tiene derecho a su sustento» (Mc 6,8-9; Lc 9,3; 10,4). (En el *logion* de Marcos, Jesús manda llevar bastón).

El anuncio de la Buena Noticia requiere una actitud de desposesión, desprendimiento y provisionalidad. Ni siquiera el problema del alojamiento y del sustento tiene que preocupar a los seguidores y las seguidoras de Jesús o distraerlos de su cometido fundamental, que es el anuncio de la cercanía del reino de Dios y de las prácticas solidarias con las personas más vulnerables.

La acogida de la Buena Noticia implica acoger a los misioneros en sus casas y compartir la mesa con ellos: «Cuando entréis en una casa, decid primero: Paz a esta casa. Si hay allí gente de paz, vuestra paz recaerá sobre ellos… Quedaos en esa casa, y comed y bebed de lo que tengan» (Lc 19,5-7). En la cultura oriental acoger a una persona e invitarla a la mesa, amén de ser una muestra de respeto, significa «una oferta de paz, de confianza, de fraternidad, de perdón; en una palabra, la comunión de mesa es comunión de vida», afirma fundadamente Joachim Jeremias.[5]

Hospitalidad y comensalía

En ese marco hay que ubicar la *hospitalidad* y la mesa compartida o *comensalía*. Jesús y sus seguidores no piden li-

5 Joachim Jeremias, *Teología del Nuevo Testamento* I, Salamanca, Sígueme, 1974, p. 141.

mosna, porque no son mendigos, ni sueldo por el anuncio del reino de Dios, porque este debe ser gratuito, ni que se hagan obras de caridad con ellos, porque no son personas imposibilitadas. Lo que piden es la práctica de la mesa compartida, de la *comensalía,* que se sitúa en el ideal de una comunidad igualitaria donde se comparten los recursos materiales y espirituales. Materialidad y espiritualidad, naturaleza fáctica y simbolismo son aquí inseparables. Se trata, según John Dominic Crossan, de la práctica clave del movimiento de Jesús, que es atestiguada por la Fuente Q:[6] Mt 10,10b: «el obrero es acreedor a su sustento»; Lc 10,7b: «el obrero es digno de su sustento».

La *comensalía* es «una estrategia destinada a construir o reconstruir la comunidad campesina sobre unos principios radicalmente distintos de los conceptos de honra y deshonra, o patrocinio y clientela. Debía basarse en la participación igualitaria en el poder material y espiritual al nivel más popular imaginable. Por eso la apariencia de la indumentaria y demás accesorios era tan importante como la aceptación de la casa y la mesa».[7]

Amor al prójimo, amor al enemigo

Exigencia fundamental del seguimiento de Jesús es también el *amor al prójimo,*[8] que constituye el centro de los mandamientos («figura en la cúspide de los mandamientos», afirma Gerd Theissen) y se sitúa al mismo nivel que el precepto de amar a Dios (Mt 22, 34). El *ethos* del amor al prójimo converge con las exhortaciones paganas a la

6 John Dominic Crossan, «Salario», en *id., Jesús. Vida de un campesino judío,* Madrid, Crítica, 1994, p. 394.

7 *Ibid.,* p. 397.

8 Cf. Gerd Theissen, *La religión de los primeros cristianos,* Salamanca, Sígueme, 2002, pp. 87-105.

sociabilidad y tiene un firme anclaje en la sociedad judía, cuyo *ethos* radicaliza. Ese amor adquiere perfiles concretos. Ha de traducirse en *amor al enemigo* (Mt 5,43ss), que no es solo el enemigo personal, sino el enemigo como colectivo con capacidad para perseguir.

El precepto de Jesús está formulado en plural tanto en lo referente a los enemigos como en quienes tienen que practicar el amor hacia ellos: «¡Amad a vuestros enemigos!». Se extiende a las personas *extranjeras,* como muestra la parábola del Buen Samaritano, que sitúa el horizonte del prójimo en las víctimas, más allá de su región, estatus o creencias (Lc 10,25ss). Se convierte en *amor a los pecadores* (Lc 7,36ss), que deben ser acogidos y no excluidos del ámbito de la projimidad. Es la actitud de Jesús ante la mujer que responde a la acogida con el derramamiento de un frasco de perfume sobre él, como reconocimiento de su profetismo.

Para llegar a amar a los enemigos, a los extranjeros o a los pecadores y las pecadoras es necesario reconocerlos como personas con los mismos derechos y condiciones de igualdad que nosotros y renunciar a todo tipo de discriminación. Todos los seres humanos somos iguales en dignidad y derechos. Así lo vive y lo formula Jesús, hasta convertirse en el fundamento de su vida y en la base del *ethos* del movimiento de seguidores. Los enemigos, los extranjeros, los pecadores, objeto de rechazo y de exclusión, se tornan sujetos. Sin el reconocimiento de la subjetividad de las otras personas no es posible el amor.

Humildad y renuncia al propio estatus

Otros valores importantes en el seguimiento de Jesús son la *renuncia al estatus* y la *humildad,* que, a juicio de Theissen, constituyen algo nuevo sobre los demás valores. La humildad ante Dios como virtud religiosa hunde sus raíces en la tradición judía, no así la humildad ante el prójimo como virtud social, que chocaba con un código de honor de la Antigüedad que exigía comportarse conforme al estatus que uno tenía. De acuerdo con ese código de comportamiento, la humildad se consideraba una actitud servil. En la propuesta jesuánica se produce una inversión de valores: deja de ser una actitud despreciable y se convierte en una virtud social constructiva.

Es precisamente en la combinación de los valores de la humildad y del amor al prójimo donde aparece la estructura fundamental y la novedad del *ethos* cristiano primitivo. En ambos casos se produce una superación de fronteras: en la humildad se trascienden los límites del estatus entre arriba y abajo, superiores e inferiores, y se allanan las relaciones marcadas por la verticalidad; en el amor al prójimo se trascienden los límites fijados entre grupo interno y grupo externo y se establecen relaciones sociales horizontales, y no de dependencia o sumisión.

Obediencia a la autoridad de las víctimas

El cristianismo perdió sensibilidad hacia el sufrimiento y transformó el problema de la justicia en favor de los empobrecidos y de quienes sufren en el problema de la redención de los culpables. Dejó de ser una ética sensible al sufrimiento y se convirtió en la moral del pecado individual y de la culpa. Su atención no se dirigió al sufrimiento de las víctimas, sino al mal inferido a Dios por los pecados de la humanidad.

La salvación no fue concebida como liberación plena del sufrimiento y de la muerte, sino como redención del pecado y de la culpa. La muerte de Cristo perdió su verdadera dimensión histórico-liberadora y adquirió una tonalidad sacrificial: Jesús murió por nuestros pecados. El cristianismo, que es una religión histórica, se convirtió en una religión sacrificial.

Este es el certero planteamiento de Johann Baptist Metz, quien considera que el cristianismo tiene que volver a ser una moral en la que «los sufrimientos de los otros, los sufrimientos de los extraños y [...] hasta los sufrimientos de los enemigos entrarían en la perspectiva de la propia *praxis*».[9] La empatía con el sufrimiento y el dolor ajenos que emana de la negatividad del mundo es un rasgo esencial del cristianismo que contribuye a la humanización tanto de las personas que sufren como de las que se muestran compasivas.

En este sentido bien puede afirmarse, con la teóloga mexicana Elsa Támez, que la actitud de «conmoverse frente a la desgracia del otro implica reconocerlo como humano, e implica asimismo humanizarse uno mismo».[10] En otras palabras, creo que es la compasión con los sufrimientos de las víctimas la que nos humaniza y que la falta de compasión nos deshumaniza.[11]

He podido observar a este respecto que Schopenhauer, Metz y Marcuse coinciden en que la obediencia a las personas que sufren es el constitutivo de la conciencia moral (Metz) y que la compasión entendida como sentimiento por el dolor de los otros y las otras es el fundamento de la ética (Schopenhauer), de nuestros juicios de valor más elementales y de nuestros comportamientos morales (Marcuse). Y Metz da un paso más hasta afirmar que la autoridad de los sufrientes de la historia «es la única autori-

9 Johann Baptist Metz (ed.), *El clamor de la tierra. El problema dramático de la teodicea,* Estella, Verbo Divino, 1996, pp. 12-13.

10 Elsa Támez, «Job. ¡Grito violencia y nadie me responde!», *Concilium. Revista Internacional de Teología* 273 (1997), p. 85.

11 He desarrollado esta idea en Juan José Tamayo, *La compasión en un mundo injusto,* Barcelona, Fragmenta, ²2023.

dad en la que se manifiesta a todos los hombres *[sic]* la autoridad de Dios que juzga al mundo».[12]

Las víctimas constituían la principal interpelación en la vida y el itinerario de Jesús de Nazaret mientras recorría los caminos de Palestina hace veinte siglos. Las víctimas eran entonces las mujeres, las personas poseídas por el poder del mal, las enfermas, las pecadoras, las publicanas, las empobrecidas. Todas ellas eran víctimas de un sistema religioso y social que las excluía de la sociedad y de la religión.

Hoy las víctimas tienen muchos rostros: personas discriminadas por su género, etnia, cultura, religión, identidad sexual, personas violadas y asesinadas, comunidades indígenas, pueblos oprimidos, personas inmigrantes, refugiadas, desplazadas, enfermas, desempleadas, continentes enteros excluidos de la globalización.

Las víctimas nos molestan, nos interpelan y nos responsabilizan de complicidad en su causación. Por eso buscamos la forma de liberarnos de ellas. ¿Cómo? Tendiendo sobre ellas un tupido velo de silencio, de mentira, de encubrimiento, con la intención de negar su existencia o de responsabilizarlas de la situación de marginación en que se encuentran. Es necesario rescatar a las víctimas del olvido y de la indiferencia para situarlas en el centro de la reflexión teológica y de nuestro proyecto personal y colectivo.

Horkheimer es uno de los autores que mejor puede ayudar a poner en práctica esta exigencia del seguimiento de Jesús, la obediencia a las víctimas y a situar a estas en el centro de la teología, a la que define como «la esperanza de que la injusticia que caracteriza al mundo no pueda permanecer así, y lo injusto no pueda considerar-

12 Johann Baptist Metz, «Dios y los males de este mundo. Teodicea olvidada e inolvidable», *Concilium. Revista Internacional de Teología* 273 (1997), p. 18.

se la última palabra, y como expresión de un anhelo, que el asesino no pueda triunfar sobre la víctima inocente».[13] La obediencia a la autoridad de las víctimas no significa instalarse en un victimismo crónico, paralizador de las energías utópicas, sino en seguir una praxis de lucha contra las causas que las provocan.

La condición previa a dicha obediencia es hacer una interpretación no victimista del cristianismo, de la persona de Jesús, de su mensaje y de su vida, en la línea de René Girard.[14] La reconciliación entre los seres humanos tiene lugar a través de la práctica de la justicia y de la compasión, no de sacrificios, como recordara Jesús: «Misericordia [compasión] quiero no sacrificios. Estos no son condición necesaria para la reconciliación, sino un obstáculo».

Actitud crítica frente al poder

Sobre la actitud de Jesús y de sus seguidores ante el poder político no disponemos de muchos datos y aquellos que tenemos están mediados por la intención teológica de cada evangelista. Pero hay uno que resulta plenamente fiable: *la condena a muerte en la cruz.* La crucifixión se aplicaba a rebeldes que habían cometido delitos políticos contra el poder imperial. Jesús fue acusado de alterar el orden público y de soliviantar a las masas. La *causa mortis* fue haberse arrogado la realeza de Israel, algo que el

13 Cf. Max Horkheimer, *Anhelo de justicia,* Madrid, Trotta, 2000. Me parecen muy certeros los comentarios de Habermas y de Hans Küng a tal definición, cf. Hans Küng, *¿Existe Dios?,* Madrid, Trotta, 2011 (5.ª ed.); Jürgen Habermas, *Israel o Atenas. Ensayos sobre religión, teología y racionalidad,* Madrid, Trotta, 2011.

14 Cf. René Girard, *La violencia y lo sagrado,* Barcelona, Anagrama, 2006; *id., Veo a Satán caer como el relámpago,* Barcelona, Anagrama, 2006; *id., El chivo expiatorio,* Barcelona, Anagrama, 2006.

poder ocupante consideraba subversivo, un pecado de lesa romanidad que se condenaba con la crucifixión.

Jesús mantuvo choques, directos e indirectos, con las autoridades políticas. Conflictiva fue su relación con Herodes Antipas, quien relacionaba a Jesús con Juan el Bautista y al movimiento de aquel con el de este. Herodes temía que el pueblo, movilizado por el Bautista, se levantara contra él. Por eso mandó ejecutarlo. El mismo temor sentía hacia Jesús, a quien le llegó un recado de que abandonara el territorio de Tiberíades porque Herodes quería matarlo (Lc 13,31). Pero Jesús no se plegó ante la amenaza herodiana, sino que la encaró llamando al rey «don nadie» (Lc 13,32), mientras proseguía su camino y su actividad liberadora.

Constantemente se le tendieron trampas con la intención de enfrentarlo con el poder político. Una de las más emblemáticas fue la de algunos fariseos y herodianos sobre la legitimidad o no de pagar el tributo al César, precedida de una presentación capciosa: «Maestro, sabemos que eres veraz y que no te dejas influir por nadie, no miras la condición de las personas, sino que enseñas con verdad el camino de Dios: ¿Es lícito pagar el tributo al César o no? ¿Pagamos o dejamos de pagar?» (Mc 12,13-14). Es, en opinión de Joachim Gnilka, que fue profesor emérito de Exégesis del Nuevo Testamento y de Hermenéutica bíblica en la Universidad de Múnich, una de las preguntas más tensas del Evangelio.[15] Tensa política y económicamente hablando, añado yo.

El momento de mayor tensión en el conflicto con el poder político imperial y con las autoridades religiosas de Israel fue durante la actividad de Jesús en el templo de Jerusalén con motivo de la Pascua. Es la escena que se conoce, en mi opinión incorrectamente, como *purifica-*

15 Joachim Gnilka, *El Evangelio según san Marcos,* vol. I, Salamanca, Sígueme, ²1992, p. 328.

ción del templo (Mt 21,12-17; Mc 11,15-19; Lc 19,45-48;). Fue la gota que colmó el vaso. El enfrentamiento llegó a un límite tan extremo que las autoridades religiosas y políticas no pudieron soportarlo.

Cuando en el sermón de la Montaña Jesús declara bienaventurados a los pobres, da como razón que de ellos es el reino *(basileia)* de los cielos (Mt 5,3). Con eso anunciaba que las personas a quienes se dirigía no estaban sometidas al poder imperial romano. Jesús no se consideraba súbdito del rey, como tampoco consideraba tales a sus discípulos; eran personas libres como él.

Por eso no tenían que pagar un impuesto especial: «Cuando entraron en Cafarnaún, se acercaron a Pedro los que cobraban el impuesto del templo y le dijeron:"¿No paga vuestro Maestro el impuesto?".Dijo:"Sí".Y cuando llegó a casa, se anticipó Jesús a decirle:"¿Qué te parece, Simón? Los reyes de la tierra, ¿a quiénes cobran los impuestos y las contribuciones, a sus hijos o a los extraños?". Al contestar él:"A los extraños", Jesús le dijo:"Por tanto, libres son los hijos"» (Mt 17,24-26).

En los sistemas políticos teocráticos hay una sacralización del poder y una legitimación religiosa de quienes lo ejercen. Los soberanos son reconocidos, honrados y, a veces, adorados como «hijos de dios o de los dioses».Jesús desenmascaró el aura religiosa con la que se rodeaba el poder y lo desacralizó.

Junto con la crítica severa del poder Jesús propone una alternativa: el servicio (Mc 10,42-45; par Mt 20,25-28; Lc 22,24-27).

Dimensión social y comunitaria del seguimiento de Jesús

La espiritualidad del seguimiento de Jesús no puede quedar encerrada en los estrechos muros de las instituciones eclesiásticas, sean estas congregaciones religiosas, diócesis, parroquias, ni siquiera en las cálidas relaciones que se dan entre los miembros de las comunidades de base, de las comunidades religiosas o de otros grupos eclesiales. El seguimiento de Jesús es algo para realizar y practicar en la sociedad secular, en un mundo donde el cristianismo ya no es relevante. Así lo recordaba Dietrich Bonhoeffer cuando definía el acto de fe no como un acto religioso, sino como «un acto de vida»: «Jesús —afirmaba— no llama a una nueva religión, sino a la vida».[16] Mi coincidencia con Bonhoeffer es total.

En el año 2000, Jürgen Moltmann escribió un espléndido artículo titulado «Teología sin Dios», que pasó desapercibido en España, y me parece muy pertinente para el tema que aquí nos ocupa.[17] En él retomaba el planteamiento hecho por Bonhoeffer mientras se encontraba en la cárcel militar de Tegel, en Berlín, por haber atentado contra el *führer* de pensamiento, palabra y obra. Recordemos la tesis del Bonhoeffer de *Resistencia y sumisión*. Vivimos en un mundo adulto y mayor de edad, en una sociedad totalmente irreligiosa que ya no necesita de la hipótesis de Dios en ninguno de los terrenos de la existencia humana, ni en el de la política, ni en el de la ciencia, ni en el de la moral, ni en el de la conciencia. Y este mundo adulto se encuentra quizá más cerca de Dios que el mundo religioso menor de edad del pasado.

En una sociedad y un cristianismo como los actuales, marcados por fuertes tendencias individualistas, la exigencia del seguimiento de Jesús es *reconstruir la comunidad,* es decir, el tejido social, comunitario, de base, en los distintos niveles de la sociedad y en las iglesias cristianas.

---

16 Dietrich Bonhoeffer, *Resistencia y sumisión. Cartas y apuntes desde el cautiverio,* Esplugues de Llobregat, Ariel, 1969, p. 213.

17 Cf. Jürgen Moltmann, «Godless Theology», *The Christian Century,* 20-27 de diciembre de 2000, pp. 1328-1329.

En medio de un cristianismo cómodamente instalado en la sociedad del bienestar y con frecuencia ajeno a las crecientes situaciones de malestar que crea dicha sociedad, una exigencia fundamental del seguimiento de Jesús es la *desinstalación,* la ubicación de los cristianos y las cristianas en el mundo de la marginación y de la exclusión.

En una sociedad y un cristianismo instalados en el consumo, la dimensión comunitaria del seguimiento de Jesús debe traducirse y vivirse como *austeridad compartida.* En un mundo roto por las guerras, la exigencia del seguimiento de Jesús es el trabajo por la *reconciliación* y la reconstrucción de la *convivencia* desde las bases de la justicia.

En un mundo armado hasta los dientes, donde la violencia campa por doquier en todos los niveles de la vida: violencia callejera, juvenil, estructural, de género, etc., la exigencia del seguimiento de Jesús no es la inactividad, pero tampoco echar más leña al fuego, sino la *no violencia activa* en la senda de los grandes líderes religiosos: Confucio, Lao-Tsé, Zaratustra, Jesús de Nazaret, Francisco de Asís, Ibn Arabi, Gandhi, Teresa de Calcuta, Martin Luther King, Hélder Câmara, Óscar Romero, Ignacio Ellacuría y otros constructores de la paz.

En una sociedad que demuestra su credulidad depositando su fe en los horóscopos, las cartas del tarot o la astrología, el seguimiento de Jesús ha de traducirse en una actitud crítica, de sospecha y de denuncia. En un mundo caracterizado por la desigualdad de género, la exclusión de género, la pobreza de género, la violencia de género, el analfabetismo de género, es decir, contra las mujeres, la exigencia del seguimiento de Jesús es doble: luchar contra las causas que generan dichas situaciones discriminatorias y trabajar en la *construcción de una sociedad de iguales, no clónica.*

En una sociedad donde la democracia está amenazada por el poder económico, la dimensión comunitaria del seguimiento de Jesús ha de concretarse en la *refundación,* la *reinvención de la democracia como proyecto moral y solidario.* Es una condición necesaria para hacer frente a la exclusión social, que afecta cada vez a más seres humanos del planeta, muchos de los cuales viven en sociedades democráticas, caracterizadas por una desigualdad abismal.

En un mundo de víctimas y verdugos, el seguimiento de Jesús desemboca en la denuncia de los segundos y la *opción por las víctimas,* pero no solo con la razón y de palabra, sino en la práctica, trabajando por evitar las causas que lo provocan, *practicando la misericordia* y *aliviando sus sufrimientos.*

En un mundo donde las minorías son silenciadas y sus causas se dan por perdidas, la dimensión comunitaria del seguimiento de Jesús implica defender sus derechos y luchar por sus causas. Fue la actitud del obispo, profeta y místico Pedro Casaldáliga, que expresó en una afirmación radical llevada a la práctica: «Mis causas son más importantes que mi vida».[18] En un mundo de pobreza sumido en el fatalismo histórico, que ha perdido la esperanza en el cambio, es necesario combatir ese fatalismo y *reconstruir el tejido de la esperanza de los pobres.*[19]

En una sociedad xenófoba que rechaza al «diferente» por razones étnicas y religiosas, la exigencia del seguimiento de Jesús es luchar contra la idea tan extendida de que hay una raza superior a las otras y trabajar por una sociedad multiétnica y multirreligiosa donde quepamos todos y la diferencia sea considerada una riqueza, no un estigma.

En una sociedad donde las diferencias culturales se traducen en desigualdades culturales y en que se parte

---

18 Cf. Juan José Tamayo, *Pedro Casaldáliga. Larga caminada con los pobres de la tierra,* Barcelona, Herder, 2020.

19 Cf. II Congreso de Teología y Pobreza, «Esperanza de los pobres, esperanza cristiana», *Misión Abierta,* vol. 75, núms. 4-5 (noviembre de 1982).

de la existencia de una cultura hegemónica, la occidental, considerada la más elevada y desarrollada y a la que las demás culturas deben someterse en razón de su inferioridad «manifiesta», la exigencia del seguimiento de Jesús es defender la igualdad y las relaciones simétricas entre todas las culturas, así como *trabajar por una sociedad intercultural*.

En un mundo marcado por la globalización neoliberal, que es excluyente, la exigencia fundamental del seguimiento de Jesús debe ser trabajar por una *globalización desde abajo*, inclusiva de los continentes, pueblos, países, sectores, grupos humanos y personas a quienes la globalización neoliberal expulsa del Estado de Bienestar. En un modelo económico que privilegia la competitividad como valor absoluto, el seguimiento de Jesús lleva directamente a la *solidaridad*, que se abre a un «nos-otros» cada vez más amplio, sin límites ni fronteras étnicas, sexistas, sociales, culturales o religiosas.

En una cultura del cálculo, del negocio y del beneficio, el seguimiento de Jesús implica valores alternativos como la *gratuidad*, la *generosidad* o la *servicialidad*. En un mundo donde el Imperio ha declarado el choque de civilizaciones para poder mantener su hegemonía, la alternativa del seguimiento de Jesús no puede ser otra que la resolución de los conflictos por la vía de la negociación. En un mundo donde la conformidad se predica como el valor más preciado y premiado, es necesario reconstruir el *inconformismo* y la *indignación social*. En su primer viaje a Brasil, el papa Francisco pidió a los jóvenes lo siguiente: «Hagan lío».

En un tipo de sociedades democráticas en las que se defienden los derechos humanos, muchas veces retóricamente, mientras se descuidan en la práctica, e incluso se justifica, permite o ampara su transgresión, la exigencia del seguimiento de Jesús debe ser la *defensa de los derechos de las personas que los tienen más amenazados o negados*.

En una sociedad donde la fuente de todos los derechos es el derecho de propiedad, la exigencia fundamental del seguimiento de Jesús debe ser el *derecho de ser persona como principio y base de todos los derechos*. En un mundo religiosamente plural, no caben actitudes intolerantes y fundamentalistas, sino el *respeto al pluralismo y el diálogo*.

Orar y practicar la justicia

Orar, practicar la justicia y esperar activamente el tiempo de Dios: he aquí la mejor síntesis y concreción de la dimensión comunitaria y social de la espiritualidad del seguimiento de Jesús hoy.

Dietrich Bonhoeffer lo expone con una precisión difícilmente imitable que ejemplifica con plena coherencia en unas reflexiones con motivo del bautizo de un sobrino suyo, al que no pudo asistir por encontrarse preso:

Nuestra existencia de cristianos solo tendrá, en la actualidad, dos aspectos: orar y hacer justicia entre los seres humanos. Todo el pensamiento, todas las palabras y toda la organización en el campo del cristianismo, han de renacer partiendo de esta oración y de esta actuación cristianas […]. No es cosa nuestra predecir el día —pero este día vendrá— en que de nuevo habrá seres humanos llamados a pronunciar la Palabra de Dios de tal modo que el mundo será transformado y renovado por ella. Será un lenguaje nuevo, quizás totalmente irreligioso, pero liberador y redentor como el lenguaje de Cristo; los seres humanos se espantarán de él, pero a la vez serán vencidos por su poder. *Será el lenguaje de una nueva justicia y de una verdad nueva, el lenguaje que anunciará la paz del Señor con los hombres y la proximidad de su reino…* Hasta entonces, la actividad de los cristianos será oculta y callada; pero habrá hombres que rezarán, actuarán con justicia y esperarán el tiempo de Dios.[20]

La vida y la muerte de Bonhoeffer fueron el mejor ejemplo de la espiritualidad del seguimiento de Jesús vivido testimonialmente y desarrollado en su obra *Nachfolge* (Seguimiento).[21] Cuenta el médico que lo atendió momentos antes de ser ejecutado el 9 de abril de 1945 en el campo de concentración de Flossenbürg, que Bonhoeffer y el resto de los condenados fueron sacados de sus celdas al amanecer, entre las cinco y las seis de la mañana. Tras leérseles las sentencias del Consejo de Guerra en el lugar del suplicio, el reo Bonhoeffer se puso de rodillas, hizo una breve y fervorosa oración a Dios, subió sereno las escaleras del cadalso y murió a los pocos segundos. «En mis casi cincuenta años de actividad profesional como médico —recordaba el testigo— no he visto a nadie morir con una entrega tan total a Dios».[22]

20 Dietrich Bonhoeffer, *Resistencia y sumisión, op. cit.*, pp. 182-183.
21 El título en castellano es *El precio de la gracia,* San Sebastián, Dinor, 1968.
22 Tomo este testimonio de Eberhard Bethge, *Dietrich Bonhoeffer. Teólogo, cristiano, hombre actual,* Bilbao, Desclée de Brouwer, 1970, p. 1246. En mi opinión, se trata de la mejor y más completa biografía sobre Bonhoeffer.

III. Nuevo paradigma de espiritualidad en el horizonte del pluriverso cultural y religioso

1. Más allá de la cultura, la racionalidad, la ética y la religión únicas

Históricamente la filosofía occidental ha ofrecido una concepción de la Cultura, la Racionalidad, la Ética y la Religión con mayúsculas al presentarlas como únicas, verdaderas, universales, racionales y perennes. Es la que se corresponde con la filosofía, la ética y la racionalidad occidentales y con la religión cristiana. Cultura, filosofía, ética y racionalidad son intercambiables con Occidente. Por «religión verdadera» se entiende el cristianismo.

Fuera de ese marco se extendía la irracionalidad, la incultura, la inmoralidad, lo salvaje. Lo mismo sucede en el terreno de la religión, fuera del cristianismo, los dioses de otras religiones son tipificados como ídolos; sus seguidores y sus actitudes como idólatras; sus profetas como embaucadores. La relación entre las culturas se ha caracterizado por la dependencia a partir del estatuto hegemónico de la cultura dominante: hay una cultura superior, más desarrollada, que es la Cultura, con mayúscula, y otras culturas subalternas, que tienen que acomodarse a esta y a las que ni siquiera se les reconoce la categoría de «cultura». Son consideradas despectivamente como «subculturas».

Boaventura de Sousa Santos ejemplifica el carácter hegemónico de Occidente, que se caracteriza por la defensa de cinco monoculturas que implican el consiguiente desprecio por todo lo que queda fuera de estas:[1]

a) *monocultura del saber:* para la que el único saber, y el más riguroso, es el científico-técnico de la modernidad europea;

b) *monocultura del progreso:* del tiempo lineal, que entiende la historia como un camino de dirección única: por delante va el mundo avanzado, desarrollado; lo demás es residual, obsoleto;

c) *monocultura de la naturalización de las jerarquías:* que considera estas un fenómeno inscrito en la naturaleza y, por tanto, inmodificables las jerarquías por razones de raza, etnia, clase o género;

d) *monocultura de lo universal:* como lo único válido, al margen del contexto; lo opuesto a lo universal es vernáculo, carece de validez; lo global toma precedencia sobre lo local;

e) *monocultura de la productividad:* que define la realidad humana por el criterio del crecimiento económico como objetivo racional incuestionable; criterio que se aplica al trabajo humano, pero también a la naturaleza, convertida en objeto de explotación y depredación; quien no produce es un haragán, un vago. Estas cinco monoculturas provocan otras tantas formas sociales de no existencia o de exclusión legitimadas por la razón metonímica: lo no creíble, lo ignorante, lo residual, lo local y lo improductivo.

El propio concepto de *humanidad* es «una construcción cultural, ya que desde las sociedades llamadas primitivas

---

1 Cf. Boaventura de Sousa Santos, *El milenio huérfano,* Madrid, Trotta, 2005; *id., El fin del imperio cognitivo. La afirmación de las epistemologías del Sur,* Madrid, Trotta, 2019.

cada grupo humano ha tendido a marcar una *línea divisoria* maniquea frente a los otros. *Nosotros* somos "los hombres", los "verdaderos hombres", o "los que dicen la verdad", en tanto que *los otros* pueden incluso ver negada su condición humana»[2] o son considerados desalmados, es decir, carentes de alma y de inteligencia para guiarse por sí solos en la vida, y están destinados a la esclavitud. Es la filosofía de Aristóteles continuada y desarrollada por no pocos de los filósofos ilustrados.

La tendencia a la discriminación y al complejo de superioridad es muy frecuente incluso entre intelectuales internacionalistas como Marx y Engels. El primero calificaba a los mexicanos de «degenerados» y a los españoles de «quijotes». El segundo mostraba un desprecio radical por los eslavos, lo mismo que por los germanos y los semitas.

La antropología cultural, basada en la investigación de campo y en la observación participante, desmiente este planteamiento y ofrece otra imagen plural, inclusiva e integradora de la cultura. Todos los seres humanos son culturales; los pueblos tienen sus culturas, su modelo de racionalidad, sus pautas morales, sus estilos de vida y sus cosmovisiones. La historia de las religiones y la antropología cultural muestran la riqueza religiosa, la creatividad simbólica, la pluralidad de sistemas de creencias, la variedad de ritos, etc.

2. La filosofía intercultural

También desmiente la imagen selectiva y elitista de la cultura la filosofía intercultural, cuya primera constatación es que la filosofía no tiene una estructura monolí-

---

2 Antonio Elorza, «Multiculturalismo y democracia», *El País*, 27 de junio de 2001, p. 11.

tica, sino que hunde sus raíces en diferentes tradiciones culturales y se desarrolla conforme a los condicionamientos de cada cultura. Cada sociedad ha desarrollado una filosofía específica con su metodología propia, su conceptualización, sus sistemas de expresión e incluso sus contenidos propios.

Occidente no es la cuna de la filosofía, como erróneamente y con soberbia intelectual se nos ha presentado. Es solo, por decirlo de manera obvia, la cuna de la filosofía occidental; el lugar donde surge y se desarrolla una determinada forma de pensar. Pero hay otras cunas y otras formas de pensar, de hacer filosofía. La filosofía occidental es una forma más de pensamiento entre otras muchas que se han desarrollado en los más plurales ámbitos geoculturales. No puede imponerse, por tanto, a los demás por razones de pretendida precedencia cronológica o de supuesta superioridad cultural. La filosofía intercultural va tras la búsqueda de pistas culturales que faciliten la manifestación polifónica de lo que denominamos «filosofía» desde el multiverso de las culturas.[3]

En la naturaleza propia de la filosofía, observa Raimon Panikkar, está la tendencia a trascender los límites de lo que es dado empíricamente y a transgredir las fronteras de lo que uno conoce y de lo que uno es, dada su pasión por lo desconocido, su atractivo por el misterio y su indignación por lo inusual. Al filosofar, al pensar la realidad, dialogamos con los otros y hacemos un ejercicio de filosofía intercultural. Cuando hablamos con los

3 Cf. Raúl Fornet-Betancourt, *Transformación intercultural de la filosofía*, Bilbao, Desclée de Brouwer, 2001; *id.*, *Interculturalidad y filosofía en América Latina*, Aquisgrán, Mainz, 2003; *id.*, *Sobre el concepto de interculturalidad*, Ciudad de México, Consorcio Intercultural, 2004; *id.*, «De la inculturación a la interculturalidad», en J.J. Tamayo y R. Fornet-Betancourt, *Interculturalidad, diálogo interreligioso y liberación. I Simposio Internacional de Teología Intercultural e Interreligiosa de la liberación*, Estella, EVD, 2005, pp. 43-60.

otros transgredimos el ámbito de nuestra cultura y entramos en el terreno intercultural.

No existen culturas y religiones puras y estáticas. Unas y otras evolucionan y cambian en función del medio social, de las tendencias políticas, de la orientación de la economía, del factor religioso, del entorno ecológico, de la creatividad simbólica de los pueblos, etc. Todas ellas son fluidas y dinámicas, y se construyen en contacto y relación con otras. Se desarrollan en interacción e interdependencia. Ninguna comienza de cero. Veamos algunos ejemplos.

El budismo y el jainismo son una reformulación del hinduismo y surgen como respuesta a las desviaciones y a las cuestiones a las que este no era capaz de responder o cuyas respuestas resultaban inadecuadas, como, por ejemplo, el sistema de castas, los interminables ciclos de la transmigración de las almas, el ritualismo desvinculado de la vida, el control de la religión por los sacerdotes, etc. El judaísmo nace bajo la influencia de las religiones del entorno con la aportación específica o, al menos, la centralidad del monoteísmo.

El cristianismo no se entiende sin la doble matriz del judaísmo y del helenismo, hasta el punto de que hay autores que hablan de la religión y la filosofía cristianas como un cruce entre ambas tradiciones religiosas y culturales. El islam, como religión monoteísta, está en continuidad con el judaísmo y el cristianismo. Precisamente la fluidez de las culturas y de las religiones lleva directamente a la interculturalidad. «Cuando la filosofía va más allá del monólogo solipsista es ya intercultural porque todo interlocutor es un mundo», afirma Panikkar.[4]

---

4 Raimon Panikkar, «La interpelación intercultural», en AA. VV., *El discurso intercultural. Prolegómenos a una filosofía intercultural*, Madrid, Biblioteca Nueva, 2022, p. 27; *id., Sobre el diálogo intercultural*, Salamanca, San Esteban, 1990.

El discurso intercultural no pretende destruir —ni siquiera deconstruir— la racionalidad occidental, pero tampoco articular el diálogo cultural desde Occidente. No exige abdicar de la razón occidental. Lo que sí hace es cuestionarla como «prototipo de razón legitimada de acceso a la realidad que nos constituye».[5] La desoccidentalización de la filosofía no significa desplazar a la filosofía occidental a un lugar marginal, sino colocarla en su lugar, ponerla a trabajar «en el conjunto de razones que constituyen las demás culturas, con el objetivo marcado de decir una interculturalidad de todos y para todos».[6]

Al poner el acento en el carácter contextual de toda forma de pensar no se niega la pretensión de la universalidad de la filosofía, también de la intercultural. Lo que se rechaza es la cristalización de esa universalidad en un universo cultural determinado, como es el occidental o cualquier otro que se presente como hegemónico. Lo que se critica son las deficiencias de ese modelo de universalidad. La filosofía intercultural replantea la universalidad no en el ámbito de la tensión universal-particular, sino en el horizonte del diálogo entre universos contextuales que manifiestan su voluntad de universalidad a través de una comunicación horizontal. Su metodología es, por ende, el *poli-logos,* pluralidad de *logos* o, si se prefiere, el diálogo multilateral.

Tampoco sospecha de la razón filosófica usual porque sea racional o filosófica, sino por su carácter monocultural. Como alternativa propone la reubicación de la razón en los usos plurales que se dan en las múltiples prácticas culturales de la humanidad y la reconstrucción de la historia de la razón a partir de ellas. Por este camino, las fuentes del razonamiento, lejos de achicarse, se ensanchan.

5 Graciano González R. Arnáiz, «Introducción», en AA.VV., *El discurso intercultural, op. cit.,* p. 15.
6 *Ibid.*

El método de la filosofía intercultural es el diálogo, que Panikkar define con dos adjetivos que parecen redundantes, pero no lo son: «dialogal y duologal», para contraponerlo al diálogo dialéctico. Ese diálogo no implica seguridad y certezas, dogmatismo y verdades cerradas, sino confianza mutua en una aventura común hacia lo desconocido y aspiración a la concordia discorde o a la discordia concorde, y lleva a descubrir al otro no como un extranjero, sino como un compañero; no como un ello, sino con un tú en el yo.

3. Pluriverso antropológico, cultural, ético y religioso

La diversidad es un hecho. Eliminarla constituye una manifestación de totalitarismo, ya que pertenece a la naturaleza de las cosas. Es una característica de la realidad, que es plural, poliédrica, polifónica. Está inscrita en el cosmos; más aún, es la perfección del universo, en una feliz expresión de Tomás de Aquino: «La perfección del universo consiste en la diversidad de las cosas. Así como la Sabiduría divina es causa de la distinción de las cosas, así lo es de la diferencia de las cosas».[7] Lo subraya el Corán: «Os hemos creado a todos de varón y hembra, y os hemos hecho naciones y tribus, para que os reconozcáis unos a otros» (49,13). La diversidad ofrece una riqueza de posibilidades y posee un potencial creativo del que carecen el pensamiento único y la uniformidad.

Es una dimensión fundamental de los seres humanos: diversidad étnica, lingüística, cosmovisional, religiosa, política, ideológica, económica, ética, social. La vida misma de la naturaleza se caracteriza por la diversidad: ecodiversidad, biodiversidad. Un ejemplo es la Amazonía, una de

7 *Summa Theologica* I, q. 47, a. 1-2.

las manifestaciones de mayor biodiversidad de nuestro planeta.

Igualmente habría que hablar de demodiversidad. La democracia no puede pensarse ni practicarse como algo que pertenece a las élites. Es necesaria su popularización, que se produce a través de las luchas locales y globales. Se requiere una nueva articulación entre la democracia representativa y la participativa de base en todos los terrenos: económico, político, social, educativo, familiar, laboral, etc. Hay que buscar alternativas democráticas más justas e inclusivas de la democracia comunitaria de las comunidades indígenas africanas, amerindias y asiáticas. Urge la práctica de una democracia radical que ofrezca resistencia frente a la mercantilización de la vida y el fetichismo de los cuerpos. Se trata, en definitiva, de «democratizar la democracia, revolucionar la democracia y democratizar la revolución», en una feliz y certera expresión de Boaventura de Sousa Santos.[8]

La diversidad es un valor, una riqueza de la vida, de lo humano, del cosmos. Ofrece posibilidades siempre nuevas. Hay más riqueza en lo múltiple que en lo uno, en lo plural que en lo uniforme, en la polifonía que en la monotonía. Reducir lo múltiple a lo uno es ir contra la naturaleza de las cosas.

La diversidad y la diferencia son derechos inalienables de los seres humanos, forman parte de la identidad de los pueblos, de la polifonía de la naturaleza, sin desembocar en desigualdad ni en discriminación. Matar la diversidad es un pluricidio. Es necesario compaginar adecuadamente los dos derechos: a la igualdad y a la diferencia, a la propia dignidad y a la dignidad de los otros y de las otras. La diversidad es un valor a cultivar y potenciar.

---

8 Cf. Boaventura de Sousa Santos y José Manuel Prendes (eds.), *Demodiversidad. Imaginar nuevas posibilidades democráticas,* Madrid, Akal, 2017.

Voy a fijarme en dos terrenos en los que se aprecia la diversidad: el de la cultura y el de la religión, y de manera especial en las sociedades actuales, que se caracterizan por la existencia simultánea, en el mismo espacio vital —pueblo, país, nación, estado—, de cosmovisiones, modelos éticos, jurídicos, normativos, políticos, económicos, sociales, formas de vida heterogéneas, contrapuestas e incluso en conflicto, que dan lugar a nuevas formas de vida, de pensamiento, de convivencia y de mestizaje.

Lo mismo sucede en el terreno de las religiones. Vivimos en un *pluriverso religioso,* no en un universo religioso. La historia de las religiones es un largo viaje por la geografía y por el tiempo en busca de las huellas religiosas dejadas por el ser humano en las diferentes culturas. Esta disciplina muestra la gran creatividad mítica, sapiencial, ritual, ética y simbólica de la humanidad. Da cuenta de la desbordante imaginación de los seres humanos en la búsqueda de caminos de salvación tanto inmanentes como trascendentes.

Muestra, a su vez, con todo lujo de detalles la pluralidad de manifestaciones de lo divino, de lo sagrado, del misterio en la historia; la cantidad de religiones y de movimientos espirituales radicados en distintos contextos culturales y sociales, la multiplicidad de mensajeros, profetas, personalidades religiosas; la pluralidad de preguntas en torno al sentido de la vida y al sinsentido de la muerte, la variedad de respuestas a dichas preguntas sobre el origen y el destino del mundo; el sentido de la historia y el lugar del ser humano en el universo y en la historia, o la pluralidad de mediaciones históricas a través de las cuales se han expresado las religiones.

Demuestra, en definitiva, que existen múltiples y muy variados universos religiosos, cada uno con su especificidad cultural, pero no cerrados e incomunicados entre sí, sino en constante intercambio y reformulación de sus respectivos patrimonios culturales.

La diversidad religiosa, étnica, lingüística, ética, cosmovisional y cultural no se da solo en los diferentes territorios o ámbitos geoculturales, sino en el mismo territorio. Uno de los mayores acontecimientos de nuestro tiempo es el *paso de sociedades monorreligiosas, monoétnicas, monoculturales, monolingüísticas a sociedades multirreligiosas, multiétnicas, multiculturales, multilingüísticas.*

Se trata de una transformación que se ha producido con gran celeridad en los últimos decenios, sobre todo por mor del turismo, las migraciones, las relaciones comerciales, los contactos culturales, por razones laborales, intercambios estudiantiles, desplazamientos de la población por guerras, represión política y situaciones sociales de marginación. Influencia especial en el desarrollo de sociedades multiculturales tienen los procesos de globalización que se producen en todos los terrenos, internet y las redes sociales, que ponen en comunicación permanente a personas de diferentes nacionalidades, territorios y tradiciones culturales que, de otra manera, no podrían conocerse y, menos aún, comunicarse.

La diversidad religiosa se da en un mismo territorio. Sirvan dos ejemplos. El suburbio de Kibera en Nairobi (Kenia), uno de los de mayor población de África, que visité en 2007 con motivo del Foro Social Mundial, y España, mi país. En Kibera se contabilizaban entonces más de 300 denominaciones religiosas y 50 etnias y no solía haber conflictos por razones religiosas. España, país de religión y cultura únicas durante siglos, la católica por la expulsión de los judíos y de los musulmanes en 1492, por la persecución del protestantismo a lo largo de los siglos XVI y siguientes y por el rechazo del pensamiento ilustrado, es hoy un cruce fecundo de culturas, religiones y movimientos espirituales en diálogo.

Numerosos son los colectivos que se ubican en el horizonte del diálogo interreligioso, intercultural e interétnico y celebran encuentros orientados a la colaboración en la propuesta de una ética común para la humanidad en la era de la globalización, alternativa a la de la globalización neoliberal excluyente. Entre las organizaciones que promueven dicho diálogo en España cabe citar: Asociación para el Diálogo Interreligioso e Interconviccional en Aragón (ADÍA), Asociación de Amigos de la UNESCO para el Diálogo Interreligioso e Interconviccional (AUDIR), Xarxa Catalana d'Entitats en Diàleg interreligiós (XCEDI), Mesa contra la Islamofobia en Murcia.

4. Riqueza y problemas de la diversidad

Como decía con anterioridad, hay más riqueza en la diversidad, la polifonía, la policromía y la diferencia que en la uniformidad. Esto es aplicable a las culturas y a las religiones, que se caracterizan por la riqueza simbólica, doctrinal, ética, artística, organizativa, de tradiciones y estilos de vida. La diversidad cultural y religiosa posibilita el conocimiento de otras tradiciones religiosas y culturales, la comunicación y vivencia de nuevas experiencias, la evolución de la propia cultura, la apertura a otros saberes, el descubrimiento de nuevos valores, el diálogo, el intercambio, etc.

Pero no podemos caer en angelismos y actitudes ingenuas. La diversidad cultural y el pluralismo religioso ocasionan problemas y generan conflictos, ya que las culturas y las religiones no son aerolitos caídos del cielo, ni se mueven en el mundo de la abstracción y de la razón pura, ni se ocupan solo de lo divino. Son creaciones humanas y construcciones sociales que responden como consecuencia a unos intereses, a veces muy mundanos, de poder, de control social, ajenos a los fines que aparecen en sus declaraciones de principios y en sus credos. De ahí surgen problemas de todo tipo:

- Problemas causados por la religión y la cultura dominantes, que tienden a privilegiar a los compatriotas y correligionarios y a excluir al diferente por su orientación social, su etnia, cultura, religión, procedencia geográfica o color de la piel.

- Tendencia a establecer jerarquías entre los ciudadanos en función de la afiliación religiosa, la procedencia geográfica, el origen étnico, la lengua, la clase social: ciudadanos de primera, segunda, tercera categoría y no ciudadanos.

- Fomento de los estereotipos y prejuicios que desembocan en caricaturas ofensivas, descalificaciones e insultos.

Estas actitudes desembocan en xenofobia, racismo y exclusión social en las personas pertenecientes a las culturas y religiones más arraigadas, en la propia ciudadanía e incluso en las leyes.

Tres son las formas de gestionar y canalizar la diversidad cultural y el pluralismo religioso en nuestras sociedades hoy en día: la asimilación, que consiste en la imposición de una única religión y una única cultura, que desemboca en fundamentalismo y eurocentrismo identitario; la coexistencia sin convivencia ni colaboración, que deriva en guetos y, a la postre, en exclusión; la interculturalidad y el diálogo interreligioso, que dan lugar a sociedades respetuosas de las diferencias religiosas y culturales y armonizan la igualdad y la diversidad en el horizonte de la justicia, de la no discriminación y de la no dominación.

5. ¿Constituye la diversidad religiosa una amenaza para la propia religión?

La diversidad religiosa no constituye una amenaza contra la vivencia y el desarrollo de la propia religión. Todo lo contrario, es una ventaja porque contribuye a enriquecerlos. «¿Podemos aprender de otras religiones sin sacrificar la fidelidad a nuestra propia tradición, o se trata, más bien, del sincretismo doctrinal de la Nueva Era, contra el que el Papa nos ha advertido recientemente?», se pregunta Gwen Griffith-Dickson.[9] La respuesta no puede ser más que afirmativa.

En la cosmovisión cristiana occidental, por ejemplo, existen elementos espurios, que no pertenecen al mensaje originario del cristianismo y de los primeros seguidores de Jesús de Nazaret y de los que puede prescindirse, sin que ello suponga traicionar el mensaje y la praxis liberadores del Evangelio. Todo lo contrario, la renuncia a dichos elementos es condición necesaria para la recuperación del núcleo auténtico el cristianismo.

Tanto los textos sagrados del cristianismo como los del islam reconocen el pluralismo religioso, es decir, la pluralidad de manifestaciones y revelaciones de Dios, y valoran todas ellas positivamente. La Carta a los Hebreos, de la Biblia cristiana, afirma que en otras épocas Dios habló de distintas maneras a nuestros padres a través de los profetas y que entonces lo hacía por medio de Jesucristo (Heb 1,1). El Corán se refiere de modo insistente a las distintas revelaciones de Dios: a Abraham, Isaac, Ismael, Jacob, a las 12 tribus de Israel, a los profetas y a Jesús de Nazaret, así como a los diferentes libros sagrados: la Torá, la Sabiduría, el Evangelio, el propio Corán (3,3; 3,48).

9 Gwen Griffith-Dickson, «¿Es la religión una invención occidental?», *Concilium* 302, septiembre de 2003, p. 24.

Para el Corán, la diversidad religiosa no es, por tanto, una desviación del camino de Dios, sino algo querido por Él. Pero no se queda en el reconocimiento y en la valoración positiva del pluralismo religioso, sino que invita al debate, a la discusión, entre judíos, musulmanes y cristianos. Una discusión que debe caracterizarse por el respeto y los buenos modales (Corán 29,46).

¿Acaso la diversidad religiosa, la aceptación del pluralismo y la apertura a otras religiones conducen al relativismo o incluso a la crisis de las creencias y a la pérdida de la práctica religiosa? Así pensaba el cardenal Ratzinger, quien, en la homilía previa al comienzo del cónclave en el que fue elegido Papa en 2005, denunció la dictadura del relativismo, pero lo hizo desde el dogmatismo, desde la creencia de que el cristianismo es la única religión verdadera.

Así lo creen también algunos dirigentes eclesiásticos, para quienes la existencia de varias religiones en un mismo territorio genera desconcierto en la ciudadanía y desemboca en escepticismo y, en definitiva, en increencia generalizada. Esa fue la razón que dio el obispo de Córdoba, Juan José Asenjo, a la petición de Mansur Escudero, presidente de la Junta Islámica de España, de que las personas musulmanas pudieran rezar en la mezquita de Córdoba. No parece ser esa, sin embargo, la realidad. Diferentes estudios sociológicos coinciden en que los países y las ciudades con mayor grado de diversidad religiosa poseen los índices más altos de creencia y de práctica.

La diversidad cultural, religiosa y espiritual de nuestro mundo y de nuestras sociedades requiere repensar, reformular y revivir la espiritualidad dentro de un nuevo paradigma, que propongo a continuación, en torno a las siguientes claves: la interculturalidad, signo de los tiempos e imperativo ético, espiritualidad en el diálogo de civilizaciones, interidentidad, interespiritualidad, interliberación, espiritualidad feminista, espiritualidad antiimperialista, espiritualidad pacifista, espiritualidad vivida en el mundo de la marginación, espiritualidad corporal y medicinal.

6. La interculturalidad, signo de los tiempos e imperativo ético

Yo creo, en contra de Samuel P. Huntington, que el choque de civilizaciones no es una ley de la historia humana, como tampoco lo es el signo de nuestro tiempo, y menos aún una especie de imperativo ético. En realidad, se trata de una patología, de una construcción ideológica del Imperio para seguir dominando el mundo y, cual detective privado y «gran hermano», las conciencias de sus habitantes. El signo de los tiempos y el imperativo ético es la *interculturalidad,* que da lugar a la *interidentidad* y a la *interespiritualidad.*

Entiendo la interculturalidad como la comunicación simétrica, la interrelación armónica y la interacción dinámica de diferentes culturas, filosofías, teologías, concepciones morales, sistemas jurídicos, modos de pensar, estilos de vida y formas de actuar, en un clima de diálogo entre iguales y sin jerarquizaciones previas. La interculturalidad parte del valor y de la dignidad de todas las culturas, de la no superioridad apriorística de una sobre las demás y de la relación no jerárquica entre ellas. Es un antídoto contra el fundamentalismo político, cultural y económico.

Amén de tolerancia, la interculturalidad implica comunicación fluida entre grupos cultural, religiosa, étnica y socialmente diferentes, diálogo interreligioso y convivencia interétnica dinámica en cuanto que eso supone enriquecimiento de la propia cultura y de las demás. Todo ello asumiendo los conflictos que puede generar, y de hecho genera, la interculturalidad.

Desde el punto de vista moral, implica llegar a unos mínimos éticos comunes para una convivencia armónica. Desde el punto de vista de la identidad, exige flexibilizar el concepto de «identidad cultural», abriéndolo a otras identidades como forma de enriquecimiento, cuestionamiento y recreación de la propia cultura. En ese sentido, constituye un importante correctivo al fundamentalismo cultural, instalado en la cultura occidental.

La interculturalidad constituye una experiencia de apertura respetuosa al «otro», a los «otros», mediante el diálogo y la acogida, que obliga a replantear la propia vida personal y la vida social. No se trata de una adaptación forzada o impuesta por las circunstancias, sino que, más bien, implica la apertura a la pluralidad de textos y contextos, considerados todos ellos como fuentes de conocimiento; a la pluralidad de culturas, consideradas como fuentes inagotables de sabiduría, y a la pluralidad de religiones, consideradas como espacios antropológicos privilegiados donde, como hemos visto, se han planteado las grandes preguntas de la humanidad sobre el origen y el fin del universo, el sentido y el sinsentido de la vida, del dolor y de la muerte, y se ha propuesto una pluralidad de caminos de salvación.

7. La espiritualidad en el diálogo de civilizaciones

La interculturalidad da lugar al diálogo de civilizaciones, iniciativa propuesta en la década de los años setenta del siglo pasado por Roger Garaudy, retomada dos décadas después por Mohamed Jatamí, presidente de Irán, reconvertida en Alianza de Civilizaciones por los presidentes de gobierno de España y de Turquía en 2004 y asumida por la ONU. El diálogo de civilizaciones presenta las siguientes características, según Garaudy:

- Lucha contra el aislamiento pretencioso del «pequeño yo» e insiste en la verdadera realidad del yo, que es ante todo relación con el otro y relación con el todo.

- Enseña a concebir el futuro no como una creencia plácida en el «progreso» ni como una simple extrapolación tecnológica de nuestros proyectos, sino como la aparición de algo radicalmente nuevo mediante la ascesis del no yo, del no obrar, del no saber.

- En el plano de la cultura nos ayuda a abrirnos a horizontes infinitos.

- Ayuda a descubrir (tomar conciencia) de que el trabajo no es la única matriz de todos los valores; además de él están la fiesta, el juego o la danza como símbolo del acto de vivir.

- Pone en tela de juicio un modelo de crecimiento ciego, sin finalidad humana, un crecimiento cuyo único criterio es el incesante aumento cuantitativo de la producción y del consumo.

- Exige una política que no sea solamente del orden de los medios, sino del orden de los fines, una política que tenga por objeto, por criterio, por fundamento, una reflexión sobre los fines de la sociedad global y una participación de cada cual, sin alienación de poder en la búsqueda y realización de esos fines.

- Descubre la dimensión nueva de la fe en la política y en la cultura y vive la libertad como participación de cada persona en el acto creador.

- Interroga sobre los fines, el valor y el sentido de nuestras vidas y de nuestras sociedades y permite a la vez una transformación de los seres humanos y de las estructuras.[10]

Para Garaudy, en el diálogo de civilizaciones resulta fundamental la *espiritualidad* entendida como el esfuerzo por encontrar el sentido y la finalidad de nuestras vidas. Una espiritualidad que pueda y deba vivirse en las sabidurías sin Dios, como el budismo, el Tao en China, los *Upanishads* de las religiones indias, las religiones tradicionales africanas... Todas ellas ayudan a dominar, e incluso a extinguir, «el yo pequeño», así como a tomar conciencia de que «el centro más íntimo del yo es el centro del universo», y son «una llamada a ser uno con el todo».[11] Es más, esta espiritualidad también es propia de los pueblos y comunidades indígenas y de las teologías de la liberación.

La espiritualidad así entendida puede librarnos del «suicidio planetario», que se manifiesta en los siguientes fenómenos: crecimiento de la desigualdad entre Norte y Sur y, dentro de los países desarrollados, entre quienes tienen y quienes no tienen; naturaleza en vías de extinción debido a la contaminación y el agotamiento de los recursos; modo de vida occidental insostenible y no universalizable; lógica de la vida sometida a la lógica del mercado. «Una revolución tiene más necesidad de trascendencia que de determinismo», sentencia Garaudy.[12]

---

10 Cf. Roger Garaudy, *Diálogo de civilizaciones,* Madrid, Cuadernos para el Diálogo, 1977, p. 228.

11 *Id., El diálogo entre Oriente y Occidente. Las religiones y la fe en el siglo xx,* Córdoba, El Almendro, 2005, p. 9; Juan José Tamayo, *Hermano Islam,* Madrid, Trotta, 2019, pp. 83-89.

12 *Id., El diálogo entre Oriente y Occidente, op. cit.,* p. 12.

8. Interidentidad

La interculturalidad y el diálogo de civilizaciones llevan directamente a la interidentidad. No existen identidades religiosas o culturales en estado puro o incontaminado. La identidad se construye en diálogo con —y en apertura a— otras identidades. Culturas y religiones se desarrollan en interacción, en permanente comunicación, en constante tensión como parte de la dialéctica de encuentro y enfrentamiento.

La identidad, afirmaba Zygmunt Bauman, es como un mosaico al que le falta una tesela. Que yo descubra mi propia identidad, afirma Charles Taylor, no significa que la haya elaborado en el aislamiento, sino que la he negociado por medio del diálogo, en parte abierto, en parte interno, con los demás. Por ello, el desarrollo de un ideal de identidad que se genera internamente atribuye una nueva importancia al reconocimiento. Mi propia identidad depende, de forma crucial, de mis relaciones dialógicas con los demás.

La Biblia hebrea y la Biblia cristiana son un buen ejemplo de esa relación dialógica, crítica y mutuamente fecunda entre helenismo y judaísmo, entre pensamiento griego y cristianismo. Ambos libros representan uno de los exponentes más luminosos de interidentidad, de diálogo intercultural e interreligioso entre Atenas y Jerusalén, entre cristianismo, judaísmo y helenismo, si bien no exento de conflictos e incluso de guerras. Se trata de un diálogo que debe continuar dándose en su estudio e interpretación.[13]

La filosofía que mejor refleja la idea y la experiencia de la interidentidad es la *ubuntu,* cuyo principio antropológico fundamental es: «Yo solo soy, si tú también eres», que fue el referente religioso y político en la teología y la praxis del arzobispo anglicano de Sudáfrica Desmond Tutu, reconocido

---

13 Antonio Piñero, *Biblia y judaísmo,* Córdoba, El Almendro, 2006.

con el Premio Nobel de la Paz en 1984 y que aplicó como presidente de la Comisión de la Verdad y la Reconciliación durante el Gobierno de Nelson Mandela.

Tutu consideraba que el *ubuntu* es la esencia del ser humano que expresa cómo mi humanidad está unida inseparablemente a la tuya. Frente al cartesiano «pienso, luego existo», la filosofía *ubuntu* defiende el principio «yo soy porque pertenezco a». Para ser persona necesito de los otros seres humanos. El ser autosuficiente no puede serlo. «Y solo puedo ser yo si tú eres totalmente tú. Yo soy porque nosotros somos. Somos creados para una delicada red de relaciones, de interdependencia con los demás seres humanos, con el resto de su creación».[14] *Ubuntu* expresa atributos espirituales como la generosidad, la hospitalidad, la compasión y el compartir.

El ser humano como ser-en-relación no implica despreciar la individualidad, sino, más bien, construir una comunidad interdependiente. La interdependencia es una idea central en la filosofía *ubuntu,* que Tutu hizo suya e incorporó a su reflexión teológica y a su actividad política. La interdependencia es primordial entre los seres humanos, que se convierten en personas cuando viven en un ambiente de interacción entre diversas culturas. Fuera de ese ambiente, el ser humano no puede sobrevivir.

9. La interespiritualidad como alternativa

Cruce de fronteras y surgimiento de nuevas espiritualidades

Félix Placer reconoce que «el diálogo es constitutivo integrante de toda espiritualidad auténtica», descubre la «rela-

---

14 Desmond Tutu, *Dios no es cristiano y otras provocaciones,* Bilbao, Desclée de Brouwer, 2012, p. 23.

ción dialogante en el núcleo de las espiritualidades» y constata que «la espiritualidad es relación con el Misterio o Absoluto, donde todo lo que existe está religado; todo es diálogo».[15] Tan lúcida y certera reflexión nos lleva directamente a la interespiritualidad. Asimismo, la interculturalidad, el diálogo de civilizaciones y la interidentidad avanzan en la misma dirección en correspondencia con la actual era interespiritual, en la que van eliminándose las fronteras y los antagonismos que a lo largo de milenios han separado y enemistado a las religiones hasta desembocar con frecuencia en guerras a nivel local y mundial.[16] El momento presente se caracteriza por la transgresión de fronteras y el surgimiento de nuevas identidades interreligiosas como uno de los signos más luminosos de todos los tiempos.

La interespiritualidad tiene el mismo sentido: ser cruce de las experiencias espirituales, morales y rituales de las distintas tradiciones religiosas y laicas, dentro del respeto y del reconocimiento de las diferencias, y participar «en los tesoros espirituales, ascéticos, morales y psicológicos que existen en las diferentes tradiciones de espiritualidad que viven en las religiones del mundo».[17]

La mística, lugar de encuentro de espiritualidades

Uno de los lugares privilegiados para dicho encuentro es la *mística,* que, según la fenomenología de la religión, constituye la esencia de la religión, entendida esta como dimensión profunda del ser humano y no como organi-

---

15 Félix Placer Ugarte, *Hacia un diálogo entre espiritualidades, op. cit.,* p. 183.
16 En este tema resulta esclarecedor el n.º 280 (1999) de la revista *Concilium,* dedicado a la *Transgresión de fronteras. ¿Surgimiento de nuevas identidades?,* en especial el artículo «El misticismo como cruce de fronteras últimas. Reflexión teológica», de Wayne Teasdale, pp. 122-128, que inspira este apartado.
17 *Ibid.,* p. 124.

zación jerárquico-patriarcal, según Raimon Panikkar, quien cree necesario liberar a la religión de los estrechos moldes en los que ha sido encajonada en Occidente.[18]

En el origen de las religiones hay una experiencia mística, vivida en su radicalidad por los fundadores y los primeros seguidores, que brota del encuentro con el misterio. El hinduismo se remonta a los *rishis,* es decir, a los sabios del bosque que buscaban la verdad del Ser, se centraban en la identidad del Ser y en la fusión con él hasta llegar a un claro monismo.[19] El *Dharma* en el budismo arranca en el momento de la Iluminación o el Despertar de Siddharta Gautama, el Buda, que él mismo describe como «el apaciguamiento de todo lo constituido, el abandono del fundamento del apego, la aniquilación de la sed del deseo, el desprendimiento, la cesación, el Nibbana».[20]

El judaísmo tiene su origen en la revelación de Yahvé a los patriarcas y las matriarcas de Israel, Abraham, Isaac, Jacob, Sara, Raquel, Lía; a Moisés el Libertador y a su hermana Míriam; a las profetisas y los profetas críticos con el culto, defensores de la justicia y de la subjetividad de la fe. «El misticismo judío, en sus diversas formas —asevera Gershom Scholem— representa un intento de interpretar los valores religiosos en términos de valores

18 Cf. Raimon Panikkar, «Hacia una teología de la liberación intercultural e interreligiosa», en J. J. Tamayo y R. Fornet-Betancourt (dirs.), *Interculturalidad, diálogo interreligioso y liberación, op. cit.,* pp. 61-68.

19 Cf. Enrique Gallud Jardiel, *El hinduismo,* Madrid, Ediciones del Orto, 2000.

20 Abraham Vélez de Cea, *Buddha (ca. 560-480),* Madrid, Ediciones del Orto, 1998, p. 31; cf. *id., El Buddhismo,* Madrid, Ediciones del Orto, 2000; *Nagarjuna. Versos sobre los fundamentos del camino medio (Mūlamadhyamakakārikā),* trad. del sánscrito, introducción y notas de A. Vélez de Cea, Barcelona, Kairós, 2003; Nyanaponika Thera, *El corazón de la meditación budista,* Barcelona, Cedel, 1992; Raimon Panikkar, *El silencio del Buddha,* Madrid, Siruela, 1996; María Teresa Román López, *Buda. El sendero del alma,* Madrid, UNED, 1997.

místicos. Se concentra en la idea del Dios vivo que se manifiesta en los actos de la Creación, la Revelación y la Redención».[21]

«La espiritualidad y la mística pertenecen intrínsecamente a la humanidad de Jesucristo, el Verbo encarnado», escribe el teólogo Gabino Uríbarri Bilbao.[22] Esta afirmación nos permite aseverar que el cristianismo nace de la experiencia mística de Jesús de Nazaret con Dios, a quien en un gesto de confianza se dirige llamándolo *Abba* y ante el cual, con la misma confianza y sinceridad, se queja de haber sido abandonado en los momentos de mayor sufrimiento en la cruz.[23]

Su vida, su mensaje y su praxis liberadora se enmarcan en un contexto de oración como encuentro gratuito con Dios, a quien bendice por haber ocultado los misterios del reino a las personas sabias y habérselos revelado a la gente sencilla. Gratuidad, confianza, oración y compromiso con las personas más vulnerables conforman la experiencia mística de Jesús, que vive en medio de dudas y momentos de dolor, en conflicto con los poderosos, en solidaridad con el pueblo oprimido y en comunidad con sus seguidores y seguidoras. Esa misma experiencia fue la que vivieron las místicas y los místicos en las diferentes etapas de la historia del cristianismo.[24]

21 Gershom Scholem, *Las grandes tendencias de la mística judía*, Madrid, Siruela, 1996, p. 31. Scholem dedica el libro «A la memoria de Walter Benjamin (1892-1940), el amigo de toda la vida, en cuyo genio se aunaban la intuición del metafísico, el poder interpretativo del crítico y la erudición del sabio. Murió en Port Bou (España), en camino a la libertad».

22 Gabino Uríbarri Bilbao, *La mística de Jesús. Desafío y propuesta*, Santander, Sal Terrae, ²2017, p. 119.

23 Cf. Joachim Jeremias, «Abba», en *id.*, *El mensaje central del Nuevo Testamento*, Salamanca, Sígueme, 1966, pp. 11-37.

24 Para la mística cristiana europea, cf. Alois Maria Haas, *Visión en azul. Estudios de mística europea*, Madrid, Siruela, 1999; *id.*, *Maestro Eckhart. Figura normativa para la vida espiritual*, Barcelona, Herder,

La mística como encuentro armónico con la tierra constituye el elemento de inspiración y de dinamismo en las comunidades indígenas amerindias y en las espiritualidades africanas.

El origen del islam se encuentra en la revelación de Al-lah a Muhammad y en la experiencia mística del Profeta, que tiene su continuidad en el *sufismo*.[25] El prestigioso medievalista Salvador Gómez Nogales recuerda que las místicas y los místicos musulmanes recurren a una imagen tomada del Corán y desarrollada por Avicena: la de «la luz de una vela embestida por una gran hoguera, o incrustada e inmersa en esa gran hoguera. Es imposible distinguir la vela de la hoguera, pero la vela está luciendo».[26]

El místico persa Suhrawardi, asesinado a los 36 años por las autoridades políticas de su tiempo y venerado como mártir, es reconocido como el fundador de la «sabiduría de la iluminación» y fundamenta su sistema en la enigmática sura 24,35:

Dios es la Luz de los cielos y de la tierra. Su luz es comparable a una hornacina en la que hay un pábilo encendido. El pábilo está en un recipiente de vidrio, que es como si fuera una estrella fulgente. Se enciende de un árbol bendito, un olivo, que no es del Occidente ni del Oriente,

2002; Victoria Cirlot y Blanca Garí, *La mirada interior. Escritoras místicas y visionarias en la Edad Media,* Madrid, Siruela, 2021.

25 Para el sufismo en al-Ándalus, cf. Amina González Costa y Gracia López Anguita (eds.), *Historia del sufismo en al Ándalus. Maestros del sufismo en al Ándalus y el Magreb,* Córdoba, Almuzara, 2009; *Obra completa del sufí Ibn Masarra de Córdoba,* estudio, edición crítica y trad. anotada por Pilar Garrido Clemente, Córdoba, Almuzara, 2022.

26 Salvador Gómez Nogales, *Filosofía, mística y religión en el Islam medieval,* ed. de Andrés Martínez Lorca y Miguel Manzanera Salavert, Madrid, Utopía Libros, 2022, p. 191.

y cuyo aceite casi alumbra aun sin haber sido tocado por el fuego. ¡Luz sobre Luz! Dios dirige a su Luz a quien Él quiere.

La antropología mística musulmana tiene su base en el símil de la luz y las tinieblas en un proceso que coincide con la noche oscura del alma del carmelita descalzo san Juan de la Cruz. Por lo mismo, la dialéctica ausencia y presencia de Dios en la criatura es común a la mística cristiana y a la musulmana, como reconoce Miguel Asín Palacios en *El islam cristianizado*.[27] Más aún, la mística cristiana del Siglo de Oro español, sobre todo la de san Juan de la Cruz, depende del sufismo musulmán, al menos indirectamente, asevera Gómez Nogales, para quien el proceso del trasvase de una mística a otra es el siguiente: «se da en primer lugar la mística musulmana, luego Ramón Llull, Nicolás de Cusa, Eckhart, toda la mística renana y la mística española: S. Juan de la Cruz y Sta. Teresa».[28]

Pongo dos ejemplos de diálogo entre culturas y espiritualidades en el islam: el sufí español Ibn Arabi y el sufí iraní Rumi. Tanto la vida itinerante de Ibn Arabi como su extensa obra, que acusa influencias filosóficas, religiosas y teológicas múltiples, constituyen un modelo de intercomunicación religiosa y cultural. He aquí uno de sus poemas, que apunta en esa dirección:

Las creencias más diversas
tienen de Dios las personas,
mas yo las profeso todas:
creo en todas las creencias.

27 Cf. Miguel Asín Palacios, *El Islam cristianizado,* Madrid, Plutarco, 1951. Asín Palacios defiende la gran influencia de los místicos sufíes en los místicos españoles del Siglo de Oro como santa Teresa y san Juan de la Cruz tanto en cuestiones literarias como en las ideas.

28 Salvador Gómez Nogales, *Filosofía, mística y religión en el Islam medieval, op. cit.,* p. 203.

En el Levante el rayo ha contemplado
y así quedó prendado del Oriente,
mas si hubiera brillado en el Poniente,
a Occidente se habría encaminado.
De tierras no depende o paradores:
Mi amor se debe al rayo y sus fulgores.

Su experiencia de interespiritualidad aparece con mayor nitidez en el poema «La religión del amor»:

Capaz de acoger cualquiera
de entre las diversas formas
mi corazón se ha tornado:
es prado para gacelas
y convento para el monje,
para los ídolos templo,
Kaaba para el peregrino,
es las Tablas de la Torá
y es el libro del Corán.
La religión del amor
sigo adonde se encamine
su caravana, que amor
es mi doctrina y mi fe.[29]

El maestro sufí Rumi es otro luminoso ejemplo de diálogo interreligioso en su propia persona, al no sentirse identificado con un determinado sistema de creencias, ni ubicarse en un lugar concreto, ni tener que elegir drásticamente entre dos caminos u opciones. Rumi está más allá de las religiones, de las fronteras geográficas, de las categorías antropológicas dualistas e incluso de sí mismo. Dos poemas suyos lo ponen de manifiesto:

29 Ibn Arabi *et al., La taberna de las luces,* selección, presentación y trad. de Pablo Beneito, Murcia, Editora Regional de Murcia, 2006, pp. 7 y 24.

¿Qué puedo hacer, ¡oh musulmanes!, pues no me reconozco a mí mismo.

Yo no me reconozco en mi ser.

No soy cristiano, ni judío, ni parsi, ni musulmán.

No soy del este, ni del oeste, ni de la tierra, ni del mar.

Mi lugar es el no-lugar, mi señal, la no-señal.

No tengo cuerpo ni alma, pues pertenezco al alma del
Amado.

He desechado la dualidad, he visto que los dos mundos
son uno.

Uno busco, uno conozco, uno veo, uno llamo.

Estoy embriagado con la copa del amor.

Los dos mundos han desaparecido de mi vida.

¡No me resta sino danzar y celebrar![30]

Si hay un amante en el mundo, ¡oh musulmanes!, ese
soy yo.

Si hay un creyente o un eremita cristiano, ese soy yo.

Las heces del vino, el copero, el trovador, el arpa y la
música.

El amante, la vela, la bebida y la alegría del bebedor, ese
soy yo.

Los setenta y dos credos y sectas del mundo

no existen: juro ante Dios que todo credo y toda secta
están en mí.

Tierra, aire, agua y fuego, y hasta el cuerpo y el alma,

la verdad, la mentira, lo bueno y lo malo,

lo sencillo y lo difícil desde el principio hasta el fin,

el saber y el aprender, el ascetismo, la piedad y la fe,
todo eso soy yo.

El fuego infernal, podéis estar seguros, con sus limbos
flamígeros.

Sí; el Paraíso y el Edén y las huríes,

30 Tomo el poema de Halil Bárcena «Un pájaro persa llamado Rumi»,
   El Ciervo, septiembre-octubre de 2007, p. 39.

la tierra y el cielo y todo cuanto contienen,
ángeles, genios y humanidad, todo eso soy yo.[31]

La mística como lugar de experiencia interreligiosa e interespiritual es incompatible con los dogmatismos, instalados en no pocas religiones, y constituye un buen antídoto contra los fundamentalismos, instalados con frecuencia en las cúpulas religiosas y en sus dirigentes. Representa, a su vez, la mejor respuesta y la más adecuada superación del choque de culturas, religiones y civilizaciones.[32]

10. Interliberación

La interespiritualidad debe integrar los diferentes caminos y dimensiones de la liberación: personal y comunitaria, política y económica, interior y estructural, religiosa y cultural. Es necesario llevar a cabo la gran revolución de los valores, que empiece por el propio ser humano y se extienda hasta las estructuras. Una revolución que implica:

–   la liberación de nuestra riqueza y bienestar sobreabundantes y la opción por una cultura del compartir;

–   la liberación de nuestro consumo, en el que terminamos por consumirnos nosotros mismos, y la opción por la austeridad;

–   la liberación de nuestra prepotencia que nos hace fuertes ante los demás, pero impotentes ante no-

31 Citado en Reynold A. Nicholson, *The Mystics of Islam*, Londres, Bell and Sons, 1914, pp. 161 ss. La traducción es mía.
32 He desarrollado esta idea más extensamente en Juan José Tamayo, *Hermano Islam, op. cit.*, pp. 101-124.

sotros mismos, y la opción por la virtud que se afirma en la debilidad;

– la liberación de nuestro dominio sobre los otros, a quienes tratamos como objetos de uso y disfrute, y sobre la naturaleza, de la que nos apropiamos como si se tratara de un bien sin dueño, y la opción por unas relaciones simétricas y no opresivas;

– la liberación de nuestra apatía ante el dolor humano, y la opción por la misericordia con las personas que sufren;

– la liberación de nuestra supuesta inocencia ética, de nuestra falsa neutralidad política y de nuestra tendencia a lavarnos las manos ante los problemas del mundo, y la opción por el compromiso en la vida política, en los movimientos sociales y en las organizaciones no gubernamentales;

– la liberación de nuestra mentalidad patriarcal y machista y la opción por la igualdad, no clónica, entre hombres y mujeres.

– la liberación de todo poder opresor y la opción por las virtudes que no tienen que ver con el dominio, como son: la amistad, el diálogo, la convivencia, el goce de la vida, el disfrute, la gratuidad, la solidaridad, la compasión, la proximidad, el desasimiento, la contemplación... en una palabra: la fraternidad-sororidad.

– la liberación de nuestra tendencia excluyente y la opción por un mundo donde quepamos todos y todas.

– la liberación de espiritualismos evasivos y la opción por la «santidad política».

11. Espiritualidad ecofeminista

La perspectiva de género debe desempeñar un papel fundamental en el nuevo paradigma de interespiritualidad que estamos diseñando. El resultado es una espiritualidad feminista, que empieza por cuestionar las formas clásicas —en su mayoría masculinas y autoritarias— de representación de lo divino, así como las concepciones morales del eterno femenino y del culto a la dama blanca, que «son una proyección de la élite de los hombres y clérigos cultos occidentales».[33] Tales concepciones exigían a las mujeres una vida religiosa de renuncia, resignación, sometimiento al varón, silencio, evasión, recato, invisibilidad, enemistad con la vida, desprecio del propio cuerpo y negación del placer.

Espiritualidad ética y política

En la nueva espiritualidad las mujeres se redescubren como sujetos, viven la experiencia religiosa desde su propia subjetividad y no aceptan mediaciones clerico-patriarcales o jerárquico-institucionales que, en el fondo, pretenden negar su subjetividad. No se reconocen en las tradicionales divisiones entre sagrado y profano, espiritual y material, natural y sobrenatural, etc. El lugar de la nueva espiritualidad es el mundo sin fronteras, la naturaleza toda, donde se deja sentir el misterio, la vida como don y tarea, la realidad sin compartimentos estancos y, en fe-

---

33 Elisabeth Schüssler Fiorenza, «Introducción», en «El poder de la Sabiduría. Espiritualidades feministas de lucha», *Concilium. Revista internacional de Teología* 288 (noviembre de 200), p. 8.

liz expresión de Elisabeth Schüssler Fiorenza, «las plazas públicas de la aldea global», donde son enviadas «las creadas de la Divina Sabiduría».[34]

Su espacio son todos aquellos lugares en los que se desarrolla la existencia humana: la profesión, la actividad política, la comunicación, la vía pública, el ágora, la vida cotidiana, etc. Eso no significa que se proponga neosacralizar el mundo. Todo lo contrario: respeta su plena autonomía y lo reconoce como el verdadero escenario donde se juega el destino humano. Su presencia en el mundo se orienta a transmitir el dinamismo liberador del E(e)spíritu.

Es una espiritualidad sapiencial política, no intimista, activa, que levanta la voz y lucha en favor de las personas indefensas y de la naturaleza expoliada. En ese sentido, es rebelde e inconformista con el sistema excluyente y todopoderoso. Se caracteriza por una profunda inspiración ético-práxica. Se guía por los imperativos de la fraternidad-sororidad, justicia-liberación, igualdad-diferencia. Una espiritualidad sin ética está vacía; una ética sin espiritualidad está ciega.

La nueva espiritualidad se expresa a través del lenguaje de los símbolos, del cuerpo, de los sentimientos, de las pasiones, de la experiencia, sin por ello eliminar la razón, pero sin que esta domine sobre otras dimensiones del ser humano. Parte de la vida en toda su riqueza y complejidad, con sus contradicciones y problemas, sus aspiraciones y frustraciones, sus alegrías y tristezas. Es, además, una espiritualidad ecológica, que no utiliza la naturaleza como objeto de dominio, sino —compartiendo la idea de Raimon Panikkar— como espacio de encuentro *cosmoteándrico*.[35] Volveré sobre el tema más adelante. Es una espiritualidad interreligiosa donde convergen las experiencias

34 *Ibid.,* p. 11.
35 Cf. Raimon Panikkar, *La visión cosmoteándrica. Las tres dimensiones de la realidad,* Madrid, Trotta, 1999.

místicas y contemplativas más auténticas, no mediadas por los intereses de poder de cada religión, sino animadas por el encuentro humano-divino pleno de gratuidad.

La nueva espiritualidad feminista que se presenta en clave ética y sapiencial, ecológica e interreligiosa, va a las fuentes de la experiencia religiosa y de la experiencia humana, constituye el mejor correctivo a la cada vez más extendida mercantilización de la religión por parte del sistema, a su manipulación por parte del Imperio, a su uniformización por parte de los fundamentalismos y a su espiritualización por parte de los funcionarios de lo sagrado.

La jerarquía contra la espiritualidad de género

Otro muy distinto es el planteamiento de la jerarquía católica respecto de las mujeres en el universo religioso, el cual plasma a través de sus documentos y de sus prácticas excluyentes. A ellas se las acusa de ser responsables de la violencia doméstica por defender la liberación sexual; se las recluye en el hogar y, en el caso de que trabajen fuera de este, se defiende la compatibilidad entre ambas ocupaciones, con lo que se las somete a jornadas interminables sin descanso.

Se las valora por su función reproductiva y cuidadora, no por el hecho de ser personas. Se las excluye del ministerio sacerdotal, alegando que no pueden representar sacramentalmente a Cristo porque Jesús de Nazaret fue varón y no ordenó a mujeres, cuando tampoco ordenó a varones, sino que creó un movimiento igualitario de hombres y mujeres. Se las excluye de los ámbitos de poder y de responsabilidad dentro de la comunidad cristiana, reproduciendo así la idea patriarcal de que el ejercicio del poder compete a los hombres.

No se reconoce a las mujeres como sujetos autónomos morales, religiosos y teológicos, ni se contemplan sus derechos sexuales y reproductivos, salvo como objeto de consumo devocional. Se tiende a excluirlas de la elaboración de la doctrina teológica y de las orientaciones morales, así como del acceso a puestos de responsabilidad donde se toman las decisiones. Se les impone una moral represiva. Son definidas en función de la maternidad y de la esponsalidad.

Se critica la «teoría de género» negando su fundamento antropológico, denominándola despectivamente «ideología de género» y haciéndola responsable de la destrucción de la familia cuando lo que defiende dicha teoría es la no discriminación por razones de género, la igualdad de hombres y mujeres en derechos y deberes, la paridad en los diferentes órganos de representación, la corresponsabilidad en las tareas domésticas y en el cuidado y la participación equitativa en el ejercicio del poder.

El feminismo se considera una «cosa del diablo»: así lo ha definido monseñor Munilla, obispo de Alicante. Es más, la propia organización eclesiástica jerárquico-patriarcal refuerza las desigualdades de género y el patriarcado religioso legitima el patriarcado político, familiar, social, etc.

No se puede defender una espiritualidad feminista si no se condena con la contundencia debida la violencia contra las mujeres, las agresiones sexuales, la prostitución, la trata de mujeres, la división sexual del trabajo, los feminicidios y la explotación laboral femenina.

Espiritualidades feministas de la Sabiduría

Una de las corrientes más importantes en la actualidad son las espiritualidades feministas de la Sabiduría, en cuyo desarrollo han intervenido varios factores que expone con rigor la teóloga mexicana María Pilar Aquino.[36] El pri-

---

36 Cf. María Pilar Aquino, «Conclusión. Hacia un mundo nuevo en el poder de la Sabiduría», en E. Schüssler Fiorenza y M.P. Aquino

mero es la tendencia de los movimientos sociopolíticos y religiosos, formados por actores plurales (ecologistas, feministas, pacifistas, campesinado, indígenas, etc.), hacia una nueva articulación de estrategias para el cambio y hacia la inserción en espacios de influencia a nivel local y global con el doble objetivo de luchar contra el sistema de dominación kiriarcal que caracteriza al modelo neoliberal y generar un nuevo orden social que guíe la historia hacia una «auténtica justicia, igualdad política e inclusión socio-eclesial».[37]

El segundo factor es la tendencia de dichos movimientos a vincular sus luchas con las tradiciones religiosas emancipatorias y liberadoras que alientan y apoyan las alternativas contrahegemónicas de otro mundo posible. «La Sabiduría Divina —afirma Elisabeth Schüssler Fiorenza— no mora en las instituciones kiriárquicas, sino "entre la gente/*among people*", en sus búsquedas y luchas por la liberación en medio de un mundo donde abunda el sufrimiento causado por la injusticia».

El tercer factor es la incapacidad de las religiones kiriárquicas para ofrecer una espiritualidad que sustente las luchas feministas globales y la ceguera para descubrir la Sabiduría Divina en dichas luchas. Es precisamente esa ceguera la que lleva a los «sacerdotes del kiriarcado» a reproducir una espiritualidad opresora que contribuye al genocidio de la humanidad.

Pilar Aquino analiza la espiritualidad del paradigma neoliberal, que se encuentra en el lado opuesto de las espiritualidades feministas de la Sabiduría. Se trata de un paradigma que se basa en los «principios dogmáticos» de la eficiencia económica, la competitividad y

---

(eds.), «En el Poder de la Sabiduría. Espiritualidades Feministas en lucha», *Concilium. Revista Internacional de Teología* 288 (2000), pp. 147-154.

37 *Ibid.,* p. 148.

la gratificación individual, presenta el mercado global como la última instancia que ordena, dirige y da significación a la existencia humana. Las élites kiriarcales ejercen las «funciones sacerdotales» de mantenimiento del mercado global, que funciona como una nueva religión.

Esta religión crea una imagen invertida de la realidad, incapaz de descubrir los estragos del neoliberalismo, entre ellos «los cuerpos consumidos de las mujeres por la disciplina patriarcal» (Marta Fontenla y Magui Bellotti). La espiritualidad del mercado global genera en el imaginario social un estado de resignación y una parálisis política. Peor aún, tiende a fagocitar las tradiciones críticas y a eliminar el pluriverso de identidades tanto en el plano religioso como en el cultural.

Así pues, tras el análisis de ambos paradigmas de espiritualidad en conflicto, la teóloga mexicana propone tres tareas: hacer frente a la avalancha uniformadora de la espiritualidad kiriarcal fortaleciendo las espiritualidades feministas críticas; desmantelar los mecanismos que sustentan el determinismo patriarcal a través del fortalecimiento de las cosmovisiones feministas transformadoras; apoyar e impulsar las luchas contra la globalización kiriarcal reforzando las luchas feministas plurales.[38]

Espiritualidad ecofeminista holística

La espiritualidad ecofeminista amplía el horizonte de la espiritualidad feminista incluyendo la naturaleza. Tras siglos de desencuentro entre Gaia y Dios, Rosemary Radford Ruether muestra que Gaia, la diosa griega de la Tierra, símbolo del planeta concebido como un ser vivo, no es antagónica de la deidad monoteísta de las

38 *Ibid.*, pp. 150-151.

tradiciones bíblicas. Para ello hace un análisis dialéctico de las fuentes históricas y religiosas de la cultura occidental, donde encuentra tanto las ideas y las prácticas del dominio del varón y de Dios sobre la Tierra como elementos importantes para una nueva actitud eco-fraterno-sororal ante la vida, la naturaleza, Dios y los seres humanos.

La ecología y el feminismo, que conforman el ecofeminismo, constituyen la perspectiva crítica desde la que Ruether tiene el propósito de recuperar la Tierra, el restablecimiento de una relación sana y armónica entre los seres humanos y la Tierra. Esta recuperación solo será posible si reconocemos y modificamos la manera en la que la cultura occidental, apoyada en parte en el cristianismo, ha justificado la dominación. Ello requiere «transformar nuestras mentes y la forma en que establecemos las relaciones entre el hombre y la mujer, los humanos y la Tierra y Dios y la Tierra».[39]

Es necesario, afirma Ruether, escuchar las dos voces: a) la de Dios, para proteger a las personas y los colectivos más vulnerables: clases sociales explotadas y naciones oprimidas, y limitar el poder de los fuertes; b) la de Gaia, que habla desde el corazón íntimo de la materia y no se traduce en leyes o en puro conocimiento intelectual, sino en el cuidado de la Tierra por parte de los seres humanos.

La revista chilena *Con-spirando* propone una espiritualidad ecofeminista holística cuyos análisis se centran en los antecedentes de las situaciones culturales y sociales que han propiciado no solo relaciones destructivas entre hombres y mujeres, entre dirigentes y grupos humanos oprimidos, sino también la destrucción de la comunidad

---

39 Rosemary Radford Ruether, *Gaia y Dios. Una teología ecofeminista para la recuperación de la Tierra,* Ciudad de México, DEMAC, 1993.

biótica, de la que los seres humanos somos parte interdependiente.[40]

En América Latina, la espiritualidad ecofeminista holística se nutre de la cosmología de las culturas precolombinas mesoamericanas, de donde surgen las prácticas de sanación y formas sapienciales y espirituales ajenas a las religiones monoteístas de carácter patriarcal. Esta cosmología se basaba en la dualidad de los opuestos complementarios. Los aspectos religiosos y sociales estaban estrechamente entretejidos: la religión, la filosofía, las artes, la agricultura, etc.

La espiritualidad ecofeminista holística critica el sistema patriarcal, jerarquizado y excluyente, sin el cual el capitalismo no podría existir, cuestiona la antropología y la cosmología que consideran a los seres humanos dueños y señores de la creación y deconstruye la imagen de Dios-Creador que habría dado al varón la orden de dominar la Tierra y que legitimaría el derecho a abusar de ella en su propio beneficio apelando a una orden divina. A su vez reclama un cambio en la imagen del ser humano y de Dios en el cosmos.

En el camino de Míriam, María de Nazaret y María Magdalena

Quiero destacar todavía una nueva tendencia de la espiritualidad feminista: la de Míriam, María de Nazaret y María Magdalena, que desarrolla Lola Josa, filóloga, catedrática de la Facultad de Filología y Comunicación de la Universidad de Barcelona y una de las más cualificadas y reconocidas especialistas en la literatura mística del Si-

---

40 *Con-spirando. Revista Latinoamericana de Ecofeminismo, Espiritualidad y Teología* fue fundada en Chile en 1992 por un grupo de mujeres cristianas, teólogas, laicas, religiosas.

glo de Oro español, en particular en santa Teresa de Jesús y en san Juan de la Cruz. Expone dicha espiritualidad en su obra *La medida del mundo. Palabra y principio femeninos,* que comienza de esta manera: «La palabra fue creada para abrazar. Cualquier otro destino que se le imponga desdice la humanidad, la invalida. La deja a la intemperie de un desierto o de un diluvio acechantes de quienes ignoran que cuanto existe debe su realidad a la palabra que lo nombra».[41]

Se trata de un libro de literatura estética en estado puro y de una de las más bellas interpretaciones poéticas, simbólicas y místicas de la Biblia, entendida esta como uno de los textos fundacionales no solo de la cultura y la civilización hebreas, sino de la aventura de lo humano, «el abrazo entre letras y números» y fuente fecunda de plurales significados. La aventura de lo humano se oculta en relatos míticos y místicos de los libros religiosos, y su significado antropológico, por desgracia, se pierde con frecuencia en un mundo de trascendencia intemporal que no hace pie en la historia, sobre todo por parte de algunos intérpretes, que se quedan en la cáscara y no van al núcleo, que permanecen en la exterioridad del relato sin llegar al fondo y descuidan el Misterio al que remiten los textos.

En el centro de esta sugerente y creativa espiritualidad se encuentran Míriam y María, que cantan y bailan por la Pascua judía y por la Pascua cristiana. Míriam, hermana de Moisés y Aarón, danza con una pandereta al son de la libertad, camino de la liberación, y el resto de las mujeres que la acompaña sigue su música durante el éxodo del pueblo hebreo por la liberación de la esclavitud a la que lo somete el faraón egipcio. Pero Míriam no logra alcanzar la Tierra Prometida y muere en el camino. El

41 Cf. Lola Josa, *La medida del mundo. Palabra y principio femeninos,* Sevilla, Athenaica, ²2023, p. 17.

grupo de mujeres en torno a ella representa el lado festivo y lúdico de una espiritualidad que hizo más llevaderas las penalidades del desierto, sin por ello eliminarlas, al vivirlas a ritmo de canción. Se dice que la música amansa a las fieras. Es verdad, y en este caso, el canto preanuncia la liberación que está por llegar y mantiene firme la esperanza contra toda desesperanza.

María de Nazaret da a luz al Hijo del Hombre, que fue crucificado, llora al pie de la cruz y «en el descendimiento abrió los brazos perfilando una Piedad sin cielo». Pero antes ha entonado el «Magníficat» —inspirado en el canto de Ana, madre de Samuel (1Sm 2, 1-10)—, cuya imagen de Dios es la de liberador que «desplegó la fuerza de su brazo, dispersó a los de corazón altanero, derribó a los poderosos de sus tronos y ensalzó a los humildes, a los hambrientos colmó de bienes y despidió a los ricos con las manos vacías» (Lc 1,51-53). Es la imagen del Dios de Jesús de Nazaret, que oculta los misterios del reino a los sabios y prudentes y los da a conocer a las personas sencillas (Lc 10,21; Mt 11,25). Es el Dios que inspira la teología de la liberación y su opción por las personas más vulnerables, los grupos y clases sociales empobrecidas y los pueblos oprimidos, en cuyo punto de partida están la contemplación y la praxis liberadora, fuente y alimento de toda espiritualidad auténtica.

Con Míriam y María acontece el devenir y el alegre movimiento de imaginar la libertad, una vida nueva de resurrección. Son ellas quienes nos sitúan ante el misterio de la vida, de toda vida: la de los seres humanos y la de la naturaleza en plena armonía. ¡Magnífica hermenéutica bíblica en torno a lo femenino!

En los evangelios hay otra María, María Magdalena, la primera testigo de la resurrección en la primavera de Jerusalén, donde se encuentran el despertar de la naturaleza a la vida y el retorno a la nueva vida de Jesús de Nazaret. Lola Josa vincula el alba de la resurrección con la risa, y el sonido de la alegría con el preludio «de lo que iba a suceder». Y en una muestra de imaginación desbordante sitúa en el mismo instante la apertura del sepulcro con la risa de Sara al anunciársele a Isaac: «María oyó, rio con Sara y fue fecundada»: es la alegría del nacimiento. Fecundación y risa constituyen el comienzo de la vida. La convergencia de Josa resulta muy acertada.

El encuentro con Jesús resucitado convierte a María Magdalena en «apóstola de los apóstoles», de la que estos recelan porque les quita el protagonismo patriarcal. María Magdalena no es la prostituta arrepentida, ni la pecadora doliente, ni la representación sensual de la tentación. No. Es la «compañera» de Jesús, como la designa el Evangelio de Felipe, y su «confidente», como afirma el Evangelio de María, la mujer que prioriza la unción a Jesús con perfume sobre la lógica comercial de los apóstoles.

«Míriam-María, profetisa de las aguas, profetisa del desierto. Profetisa de la Tierra, irrupción de la sonoridad, madre, hermana, compañera, es la medida que gime por alumbrar la semejanza divina».[42] Así lo afirma Lola Josa en el Movimiento 5 del libro. Es la mejor síntesis del profetismo eco-materno-sororal y de la similitud divino-sororal, base de la espiritualidad feminista. El profetismo no está reservado a los varones. La profecía femenina es creadora de vida. La semejanza divina no le corresponde solo al hombre: «hombre y mujer los creó. A su imagen y semejanza los creó» (Gn 1,26).

Otra reflexión de Lola Josa que me ha resultado innovadora, e incluso rupturista, es la que se refiere a la compasión, a la que soy especialmente sensible y de la que me he ocupado en mi libro *La compasión en un mundo injusto*. En mi opinión, la compasión representa el nuevo principio teológico que moviliza el lado solidario y «samaritano» con las víctimas por parte de quienes nos dedicamos a

42 *Ibid.*, p. 131.

la reflexión teológica. Es la virtud que, practicada, nos hace realmente humanos, constituye el fundamento de la ética, de nuestros juicios y comportamientos morales. Por el contrario, la ausencia de compasión nos deshumaniza.

Pues bien, Josa lleva a cabo una inversión sobre la compasión y la aborda con especial originalidad, hasta el punto de romper los esquemas de género estereotipados con una lucidez que yo no había visto hasta ahora. Así, escribe:

> En la Creación, la compasión y el rigor lo gobiernan todo. La compasión es entrega, potencia masculina. El rigor delimita, juzga, ordena; es potencia femenina. El equilibrio de la Creación depende de que unidos se muevan en un estado que los místicos hebreos llaman *copulación,* palabra con la misma medida que «María».[43]

Considera la compasión como potencia masculina y el rigor como potencia femenina. Es decir, lleva a cabo una inversión radical. Por lo general, la compasión suele atribuirse —más aún, exigirse e imponerse— a las mujeres y el rigor a los varones. Desde mi punto de vista, esta inversión se produce en la propia imagen bíblica y coránica de Dios, que es presentado como sensible al sufrimiento humano, compasivo, clemente y misericordioso. Todas las azoras del Corán, salvo la 9, comienzan con la expresión «¡En el nombre de Dios, el compasivo, el clemente!». El profeta Isaías se refiere a las entrañas compasivas de Dios en un texto que habla de su ternura: «¿Acaso olvida una mujer a su hijo, y no se apiada del fruto de sus entrañas? Pues, aunque ella se olvide, yo no me olvidaré» (Is 49,15).

---

43 Lola Josa, *La medida del mundo. Palabra y principios femeninos, op. cit.,* p. 125.

12. Espiritualidad antiimperialista

La espiritualidad cristiana originaria era antiimperialista. Así se pone de manifiesto en el anuncio de la inminencia del reino de Dios por parte de Jesús de Nazaret y en la lucha de Pablo de Tarso contra el Imperio romano. La espiritualidad del reino de Dios, que constituye el centro de la vida y la praxis de Jesús, se inscribe en el horizonte de los movimientos de protesta y resistencia, muy activos en tiempos de Jesús, contra la política opresora del Imperio.

En el reino de Dios las personas y los colectivos empobrecidos tienen un lugar preferente donde se les ofrece comida suficiente, la cancelación de sus deudas y buena salud. Fuera de este reino quedan los dirigentes políticos y religiosos y los ricos que oprimen al pueblo. Con su predicación sobre el reino de Dios, Jesús juzga y condena el orden imperial. A su vez, critica a Herodes Antipas y su caprichoso palacio, excluye a la élite de Jerusalén, que presumía de pertenecer al linaje de Abraham, y afirma que la casa que gobierna en Jerusalén ha sido condenada por Dios:

> Una vez que asumimos el Evangelio entero —asevera Richard Horsley—, es evidente que Jesús no solo presenta un programa de renovación del pueblo, sino que también pronunció el juicio de Dios contra los líderes del pueblo, los romanos y los gobernantes de Jerusalén, que eran la fachada del orden imperial romano ante el pueblo de Palestina.[44]

44 Richard A. Horsley, *Jesús y el Imperio. El Reino de Dios y el nuevo orden mundial,* Estella, EVD, 2003, p. 105. Horsley es profesor de Artes Liberales y Estudios de la Religión en Boston (Massachusetts) y uno de los principales investigadores sobre la figura histórica de Jesús de Nazaret y del pensamiento de Pablo de Tarso.

La espiritualidad de Pablo de Tarso choca frontalmente contra el Imperio. Su punto de fricción es la forma de entender la paz. El principio por el que se regía el Imperio residía en la paz y la seguridad por todo el Mediterráneo mediante la victoria y el sometimiento. Por el contrario, el principio de Pablo era la «paz mediante la justicia y la no violencia». Pablo predica el evangelio de Cristo como alternativa al «evangelio del César» y anuncia al «salvador venido de los cielos» como alternativa al salvador imperial. Organiza una sociedad alternativa antiimperialista, cuya base son las comunidades cristianas locales igualitarias que crea en la cuenca mediterránea, en contraposición a las comunidades y las asambleas ciudadanas helenísticas.[45]

En el siglo XX y principios del XXI un ejemplo de espiritualidad antiimperialista fue el obispo, profeta y místico Pedro Casaldáliga (1928-2020), que la formulaba con total nitidez así:

> Cristianamente hablando la consigna es muy diáfana (y muy exigente), y Jesús de Nazaret nos la ha dado hecha mensaje y vida y muerte y resurrección: contra la política opresora del Imperio, la política liberadora del Reino. Ese Reino del Dios vivo, que es de los pobres y de todos aquellos y aquellas que tienen hambre y sed de justicia. Contra la «agenda» del Imperio, la «agenda» del Reino.[46]

La espiritualidad de Casaldáliga fue contrahegemónica. Con ella, cual David contra Goliat, desnudó a los Imperios que, por muy poderosos que se crean y aparenten

45 Cf. *Id., Paul and the Roman Imperial Order,* Harrisburg, Trinity Press International, 2004; David Álvarez Ceneira, *Pablo y el Imperio romano,* Salamanca, Sígueme, 2009; Ole Jakob Løland, *El apóstol de los ateos. Pablo en la filosofía contemporánea,* Madrid, Trotta, 2023.
46 *Agenda latinoamericana 2005,* p. 8.

ser, tienen los pies de barro. Casaldáliga llamó la atención sobre tres grandes tentaciones que acechan en la hora neoliberal de la noche oscura de los pobres y de las personas aliadas con ellos: «la renuncia a la memoria y a la historia, la renuncia a la cruz y a la militancia y la renuncia a la esperanza y a la utopía».[47]

Otro ejemplo de espiritualidad antiimperialista fue el arzobispo de San Salvador, y mártir, monseñor Romero (1917-1980), quien, al enterarse de que el presidente de Estados Unidos Jimmy Carter iba a enviar apoyo económico y militar a San Salvador, le escribió una carta en la que le expresaba que si tal información se confirmaba, la medida de Estados Unidos «en lugar de favorecer una mayor justicia y paz en El Salvador agudizaría sin duda la injusticia y la represión contra el pueblo organizado, que muchas veces ha estado luchando por que se respeten sus derechos humanos más fundamentales».[48]

El arzobispo de San Salvador acusaba a la Junta de Gobierno, a las Fuerzas Armadas y a los Cuerpos de Seguridad de El Salvador de que solo hubiesen recurrido a la violencia represiva, produciendo un saldo de muertos y heridos mucho mayor que los regímenes militares pasados. Por eso pedía a Jimmy Carter que prohibiera dicha ayuda militar al Gobierno salvadoreño y que no interviniera directa o indirectamente con presiones militares, económicas y diplomáticas en el destino del pueblo salvadoreño.

Citando la Conferencia Episcopal Latinoamericana de Puebla, Romero consideraba deplorable e injusta la intromisión de potencias extranjeras en la trayectoria económica

---

47 Pedro Casaldáliga, *Nueva espiritualidad,* Madrid, Nueva Utopía, 2000, p. 19. Para un fundamentación de la espiritualidad antiimperialista de Casaldáliga, cf. Juan José Tamayo, *Pedro Casaldáliga, op. cit.*

48 Cf. Juan José Tamayo (dir.), *San Romero de América, mártir por la justicia,* Valencia, Tirant, 2015, p. 139.

y política del país y reclamaba el derecho a la legítima autodeterminación. Dado su elevado nivel de concientización y organización, creía que el pueblo era el único capaz de superar la crisis en la que se encontraba el país y de asumir la gestión responsable del futuro de El Salvador.

Numerosas fueron las muestras de solidaridad con esa carta. Diversos sectores del pueblo y de la Iglesia, entre ellos religiosas y sacerdotes que trabajaban pastoralmente en El Salvador y varios obispos latinoamericanos expresaron a Romero su apoyo por dicho gesto de protesta, así como su respaldo ante la destrucción de la emisora de la archidiócesis.

La carta, empero, fue calificada de «devastadora» por un miembro del Gobierno de Estados Unidos. Calificativo que fue respondido por Romero diciendo que «su intención no era devastar, sino simplemente, en nombre del pueblo, pedir lo que parecía haber abierto los ojos a Estados Unidos». Jimmy Carter le respondió con una larga misiva en la que, aun reconociendo las desafortunadas actuaciones que en ocasiones habían tenido las Fuerzas Armadas en el pasado, justificaba su apoyo a la Junta Militar porque ofrecía las mejores perspectivas» y afirmaba que «la mayor parte de la ayuda económica sería en beneficio de los más necesitados».

«Nos preocupa tanto como a Usted —afirmaba la misiva de Carter— que no sea usado ese subsidio de forma represiva […] se trata de mantener el orden con un uso mínimo de fuerza letal».[49] La carta de Carter se refería a la necesidad de un ambiente menos beligerante y de menor confrontación y aseveraba que su país no interferiría en los asuntos internos de El Salvador. Mencionaba, además, la amenaza de guerra civil que presentaba como alternativa a las reformas del Gobierno.

49 *Ibid.*, p. 53.

Romero dio a conocer el contenido de la carta de Carter en la homilía del 16 de marzo de 1980 y también su valoración. Le parecía un juicio político discutible decir que la Junta de Gobierno de El Salvador ofrecía mejores perspectivas. Sobre la injerencia de Estados Unidos en los asuntos de El Salvador, el comentario del arzobispo no podía ser más expresivo: «Esperamos que los hechos hablen mejor que las palabras».

Sobre la alternativa de guerra civil a las reformas de la Junta a la que se refería el presidente estadounidense como amenaza, Romero creía que su tendencia era a crear psicosis, que no había que estar impresionados por una próxima guerra civil y que había otras alternativas racionales que era necesario buscar. Sobre la ayuda militar, reclamaba una severa vigilancia «para que no redunde en represión de nuestro pueblo. Y esto es evidente porque la postura de la Fuerza Armada se ha ido, cada vez más, haciendo prooligárquica y brutalmente represiva».[50]

La carta de monseñor Romero a Jimmy Carter demuestra que la denuncia profética del arzobispo de San Salvador no solo se dirigía al poder político, económico, militar y paramilitar de su país, sino que apuntaba al corazón mismo del Imperio norteamericano en la persona de su presidente.

Una espiritualidad liberadora constituye el horizonte más adecuado para recuperar el carácter antiimperialista del cristianismo de los orígenes. Al discurso y a la práctica de Jesús de Nazaret y de Pablo de Tarso contra el Imperio romano debe responder hoy un cristianismo de resistencia contra los imperios actuales y el desorden mundial que generan. ¿Cómo? Trabajando en la construcción de «Otro Mundo Posible».

50 *Ibid.*, p. 62.

13. Espiritualidad vivida en el mundo de la marginación

Los marginados y las marginadas no son personas anónimas. Somos nosotros quienes las reducimos al anonimato para desentendernos más fácilmente de ellas y eludir la responsabilidad que nos corresponde en el hecho de su marginación. Pero son seres humanos con identidad propia, nombres propios, rostros bien expresivos de la tragedia humana que viven.

La marginación no es un fenómeno natural ni querido por Dios. Es un hecho social. Tiene carácter colectivo. Está provocado por unas causas perfectamente identificables. Es un problema humano con graves consecuencias para quienes la sufren. Es, por ello, erradicable.

A través de las personas marginadas se escucha el rumor, la voz, el grito de la humanidad doliente, la protesta contra el sufrimiento causado por unos seres a otros y por unos grupos humanos a otros.

El cristianismo oficial ha estado más cerca de los causantes de la marginación que de los marginados. Con frecuencia la Iglesia institucional ha vivido instalada en el mundo de los «satisfechos» y de espaldas a los «excluidos».

El desafío de los cristianos y cristianas de hoy en día reside en cambiar de lugar social, ubicarse en los márgenes, en el mundo de la marginación cultural y de la exclusión social, pero no para su mantenimiento, sino para su erradicación. En el judaísmo, la persona privada de dignidad era la imagen de Dios y, en el cristianismo, el sacramento histórico de Jesús de Nazaret, el Cristo liberador.

Jesús de Nazaret se siente marginado como consecuencia de su comportamiento religiosamente heterodoxo, socialmente desestabilizador y políticamente subversivo. Vive en la frontera, rozando —cuando no transgrediendo— la legalidad vigente. Vive como marginado y convive a diario con las personas marginadas: publicanos, pecadores, prostitutas, enfermos, desahuciados, mendigos, etc. Muere como un marginado, como un malhechor, fuera de la ciudad sagrada. Se solidariza con la gente marginada, pero no para legitimar religiosamente la marginación, sino para luchar contra ella. Incorpora a su movimiento a quienes la sociedad y la religión excluían.

Desde la marginación, Jesús reconoce «dignos» a quienes la sociedad consideraba «indignos» y echa en cara su «indignidad» a quienes expedían títulos de dignidad a los demás. No es la posición social distinguida o el elevado estatus religioso lo que hace dignos a los individuos ante Dios, sino la solidaridad con la causa de los marginados.

La marginación es el ámbito más adecuado, privilegiado, diría, para vivir la experiencia de Dios con autenticidad. La experiencia de Dios no es posible cuando se sirve a los ídolos de la «seguridad», de la «acumulación», del «consumo». Estos ídolos suplantan a Dios y no dejan sitio para Él en el corazón del ser humano. La posesión aleja de Dios. La desposesión acerca a Él.

Las personas marginadas ayudan a descubrir dimensiones de Dios que normalmente se nos escapan, como la gratuidad, la generosidad, la solidaridad, la misericordia, el amor, la sorpresa, la limpieza de corazón. Sin embargo, no conviene idealizar, ya que el mundo de la marginación también puede convertirse en un espacio de lucha de unos marginados contra otros por la supervivencia.

El mundo de la marginación cuestiona la autenticidad de muchas de las experiencias religiosas convencionales que se viven desde dentro del sistema y lo legitiman. «Los cristianos —decía certeramente Georges Bernanos— somos capaces de instalarnos incluso cómodamente bajo la cruz de Cristo». ¡Es el colmo de la instalación! Los marginados desenmascaran la mentira de nuestros cultos y «devociones», tanto públicos como privados, y nos echan en cara el uso legitimador de la cruz de Cristo para justificar el sufrimiento humano, especialmente de los inocentes, y para darle un sentido redentor.

Las personas marginadas nos devuelven a la fuente de la espiritualidad cristiana, a la matriz de la verdadera experiencia de Dios, al lugar privilegiado del encuentro con Él. Dios está comprometido en la lucha por devolver la dignidad a quienes no la tienen. Más aún, la dignidad de Dios pasa por la dignidad de los marginados. Reconocerles su dignidad es reconocérsela a Dios y a Jesús de Nazaret, el Cristo liberador. Negársela es negársela a Dios y a Jesús. Así se pone de manifiesto en la parábola del juicio final (Mt 25,31-45).

Si el mundo de la marginación es fuente de espiritualidad, la solidaridad y la lucha contra la marginación son una exigencia antropológica, una opción evangélica y un imperativo ético.

IV. Espiritualidad de las personas no creyentes: José Saramago

Existe una tendencia generalizada a situar la espiritualidad en el terreno puramente religioso y a excluirla, incluso como categoría, del mundo de la increencia religiosa. De este modo, las personas ateas, agnósticas y religiosamente indiferentes son consideradas como seres sin espiritualidad y, por tanto, incapaces de vivirla. Se trata, claramente, de estereotipos infundados, porque la espiritualidad es una dimensión constitutiva del ser humano. Así lo confirma el filósofo francés ateo André Comte-Sponville desde el propio título de su libro *El alma del ateísmo. Hacia una espiritualidad sin Dios,* cuyo pensamiento he expuesto en el capítulo segundo.

Recuerdo haber oído al teólogo José María González Ruiz, quien participó en los diálogos cristiano-marxistas europeos de mediados de los años sesenta y principios de los setenta del siglo pasado, decir que los marxistas pedían a los cristianos: «No maltraten el misterio. Respétenlo. Es fuente de espiritualidad».

Yo mismo he descubierto una fuente de espiritualidad en la obra literaria, en la reflexión antropológica y en mi relación con el escritor portugués José Saramago, premio nobel de literatura, ateo confeso y convicto, y persona de una profunda espiritualidad. Durante los últimos cinco años de su vida tuve el privilegio de disfrutar de su amistad y compartir experiencias de fe e increencia, solidaridad y trabajo intelectual, en total sintonía. Dos fueron los momentos especiales de dicho disfrute y un tercero que no pudo celebrarse.

1. José Saramago: «Dios, el gran silencio del universo»

El primer momento especial tuvo lugar en Sevilla en enero de 2006. Caminábamos por las calles sevillanas José Saramago, su esposa, la periodista Pilar del Río, la pintora Sofía Gandarias y yo en dirección al paraninfo de la Universidad Hispalense para participar en un simposio sobre Diálogo de Civilizaciones y Modernidad. Eran las 9 de la mañana, y al pasar por la plaza de la Giralda, comenzaron a repicar alocadamente las campanas de la catedral de Sevilla —la antigua mezquita, mandada construir por el califa almohade Abu Yacub Yusuf:

— «Tocan las campanas porque pasa un teólogo», dijo Saramago con su habitual sentido del humor.
— «No —le contesté en el mismo tono— repican las campanas porque un ateo está a punto de convertirse al cristianismo».

En ese diálogo fugaz, la respuesta de Saramago no se hizo esperar:

— «Eso nunca. Ateo he sido toda mi vida y lo seguiré siendo en el futuro».

De inmediato me vino a la mente una poética definición de Dios que le recité sin vacilar:

— «Dios es el gran silencio del universo, y el ser humano el grito que da sentido a ese silencio».
— «Esa definición es mía», reaccionó sin dilación.

— «Efectivamente, por eso la he citado —le contesté—. Y esa definición está más cerca de un místico que de un ateo».

Fue uno de los diálogos más profundos que he mantenido en mi vida.

Mi observación le impresionó. Nadie le había dicho nunca algo parecido y le dio que pensar, sin por ello dejarse embaucar por mi ocurrencia. En efecto, la vida y la obra de Saramago constituyeron una permanente lucha titánica con Dios. Fue la misma lucha del Job bíblico —al que Bloch llama «el Prometeo hebreo»—, quien maldice el día que nació, siente asco de su vida y osa preguntar a Dios, en tono desafiante, por qué lo ataca tan violentamente, por qué le oprime de manera tan inhumana y por qué lo destruye sin piedad (Job, 10). Una lucha parecida tuvo el patriarca Jacob, quien pasó toda una noche peleando duramente con Dios y terminó con el nervio ciático herido (Gn 32,23-33). No es el caso de Saramago, que salió indemne de las peleas con Dios y nunca se dio por vencido.

Muchas son las definiciones de Dios con las que me he topado a lo largo de mis cincuenta años dedicado a la teología, precedidos de la formación católica catequética de la escuela y la parroquia de mi pueblo. Allí aprendí la primera definición de Dios en el catecismo del padre Gaspar Astete, la repetí de carrerilla muchas veces y todavía soy capaz de hacerlo hoy:

> Dios es el ser mayor del cual nada se puede pensar, infinitamente Bueno, Poderoso, Sabio, Justo, Principio y Fin de todas las cosas, Premiador de buenos y Castigador de malos.

Durante mis estudios de teología tuve que dar cuenta de la demostración de la existencia de Dios conocida como el «argumento ontológico», de Anselmo de Canterbury, del que Albert Camus decía con razón que no conocía a ninguna persona que hubiera dado su vida por defenderlo.

Pero, sin duda, una de las más bellas definiciones de Dios es la de Saramago que acabo de citar. La leí en sus *Cuadernos de Lanzarote,* de 1993, y la he dado a conocer doquiera que he hablado sobre el premio nobel portugués. Lo recuerda el propio Saramago del siguiente modo:

> Hace muchos años, nada menos que en 1993, escribí en los *Cuadernos de Lanzarote* unas palabras que hicieron las delicias de algunos teólogos de esta parte de Iberia, especialmente Juan José Tamayo que, desde entonces, generosamente me ofreció su amistad. Fueron estas: "Dios es el gran silencio del universo, y el ser humano el grito que da sentido a ese silencio". Reconózcase que la idea no está mal formulada, con su *quantum satis* de poesía y su intención levemente provocadora bajo el sobreentendido de que los ateos son muy capaces de aventurarse por los escabrosos caminos de la teología, aunque la más elemental.[1]

Esta definición merecería aparecer entre las veinticuatro —con ella, veinticinco— proferidas por otros tantos sabios reunidos en un simposio que recoge el *Libro de los 24 filósofos,*[2] cuyo contenido fue objeto de un amplio debate entre filósofos y teólogos durante la Edad Media. Para un teólogo dogmático, definir a Dios como silencio del universo quizá sea decir poco.

Para un teólogo heterodoxo como yo, seguidor de las místicas y los místicos judíos, cristianos y musulmanes como el Pseudo-Dionisio, Rabia de Bagdad, Abraham Abulafia, Algazel, Ibn Arabi, Rumi, Hadewijch de Amberes, Margarita Porete, Hildegard de Bingen, Maestro

---

1 José Saramago, *Cuadernos de Lanzarote,* Sâo Paulo, Companhia Das Letras, 2009, p. 144.
2 *Libro de los 24 filósofos,* Madrid, Siruela, 2000.

Eckhart, Juliana de Norwich, Juan de la Cruz, Teresa de Jesús, Baal Shem Tov, cristianos laicos como Dag Hammarskjöld, hindúes como Tukaram y Mohandas K. Gandhi, y la mística laica Simone Weil, es más que suficiente. Decir más sería una falta de respeto para con Dios, se crea o no en su existencia. «Si comprendes —decía Agustín de Hipona— no es Dios».

2. Ateísmo y «el factor Dios»

El segundo encuentro tuvo lugar cuando lo invité a presentar mi *Nuevo diccionario de Teología,* publicado por la editorial Trotta a finales de 2005.[3] Inicialmente su respuesta a mi invitación fue negativa. Yo lo atribuí a lo voluminoso del libro: 992 páginas a dos columnas, es decir, cerca de dos mil páginas. Pero no, esa no fue la razón para rechazar mi invitación. El verdadero motivo era que a lo largo de tantas páginas no aparecieran las palabras «ateo» y «ateísmo».

En efecto, no aparecían como entrada, pero sí al final, en la entrada «TEÍSMO/ATEÍSMO». Cuando le advertí de ello, leyó con mucho interés los conceptos que más le interesaban y, por supuesto, «TEÍSMO/ATEÍSMO», y aceptó participar en la presentación del libro junto con la filósofa Victoria Camps y el director de Trotta, Alejandro Sierra, celebrada en el Ateneo de Madrid. Hizo un elogio del *Diccionario* diciendo que era un material fundamental tanto para personas ateas como para creyentes. Sus palabras confirmaron la orientación cultural y ética que quise dar a la obra desde el principio, muy alejada del carácter confesional y apologético que tienen no pocos diccionarios de teología.

3 Cf. Juan José Tamayo (dir.), *Nuevo diccionario de Teología,* Madrid, Trotta, 2016.

Hubo un tercer encuentro programado que, tristemente, no pudo celebrarse debido al fallecimiento de Saramago. Se trataba de un diálogo entre los dos, abierto al público, en la biblioteca de su domicilio de Tías (Lanzarote) y en torno a un tema que a ambos nos apasionaba: «Ateísmo y el factor Dios».

Saramago siempre se declaró ateo, y desde su ateísmo fue un crítico impenitente de las religiones, de sus atropellos, de sus engaños y, sobre todo, de las guerras y cruzadas convocadas, legitimadas y santificadas por ellas en nombre de Dios:

> Una de ellas —afirma—, la más criminal, la más absurda, la que más ofende a la simple razón es aquella que, desde el principio de los tiempos y de las civilizaciones manda matar en nombre de Dios... Ya se ha dicho que las religiones, todas ellas, sin excepción... han sido y siguen siendo causa de sufrimientos inenarrables, de matanzas, de monstruosas violencias físicas y espirituales que constituyen uno de los más tenebrosos capítulos de la miserable historia humana. [4]

Con la historia en la mano, ¿quién va a negar tamaña verdad?

Pero la crítica de Saramago va más allá, y llega al corazón mismo de las religiones, a *Dios mismo,* en cuyo nombre, afirma, «se ha permitido y justificado todo, principalmente lo peor, lo más horrendo y cruel». Y pone como ejemplo la Inquisición, a la que compara con los talibanes de hoy, la califica de «organización terrorista» y la acusa de interpretar perversamente sus propios textos sagrados, en los que decía creer, hasta hacer un monstruoso matrimonio entre religión y Estado contra la libertad de conciencia y el derecho a decir no, el derecho a la herejía, el derecho a escoger otra cosa, que solo eso es lo que la palabra «herejía» significa.

4 José Saramago, «El factor Dios», *El País,* 18 de septiembre de 2001.

Esta denuncia de Dios se sitúa dentro de las más importantes e incisivas críticas de la religión, como las de Epicuro, Demócrito y Lucrecio, las de los profetas de Israel y Palestina, de Jesús de Nazaret y del cristianismo primitivo, las de los maestros de la sospecha Marx, Nietzsche y Freud, y las del ateísmo moral que niega a Dios por su responsabilidad en el sufrimiento de las víctimas.

Aun cuando Saramago pensaba que los dioses son una creación de la mente humana, le preocupaban los efectos del «factor Dios» —título de uno de sus más célebres y celebrados artículos—, que está presente en la vida de los seres humanos, creyentes o no, como si fuese su dueño y señor, se exhibe en los billetes del dólar, ha intoxicado el pensamiento y ha abierto las puertas a las más sórdidas intolerancias.

En su novela *Caín* recrea la imagen violenta y sanguinaria del Dios de la Biblia judía, «uno de los libros más llenos de sangre de la literatura mundial», en opinión del prestigioso biblista Norbert Lohfink. Esta imagen continúa en algunos textos de la Biblia cristiana, donde se presenta a Cristo como víctima propiciatoria para reconciliar a la humanidad con Dios y vuelve a repetirse en algunos teólogos medievales que presentan a Dios como dueño de vidas y haciendas y como un señor feudal, que trata a sus adoradores como si fueran siervos de la gleba y exige el sacrificio de su hijo más querido, Jesucristo, para reparar la ofensa infinita que la humanidad cometió contra Dios.

El Dios asesino de *Caín* sigue presente en no pocos de los rituales bélicos de nuestro tiempo: en los atentados terroristas cometidos por falsos creyentes musulmanes que, en nombre de Dios, practican la guerra santa contra los infieles; en dirigentes políticos autocalificados como «cristianos», que apelan a Dios para justificar el derramamiento de sangre de inocentes en operaciones conocidas como «Justicia Infinita» o «Libertad Duradera»; en la política sacrificial del Estado de Israel que, creyéndose el pueblo elegido de Dios y único dueño de la tierra que califica de «prometida», lleva a cabo operaciones de destrucción masiva de territorios, muros carcelarios y asesinatos de decenas de miles de palestinos.

3. Sentido solidario de Saramago

Además de la crítica de la religión, de Dios y del «factor Dios», cabe destacar *el sentido solidario de la vida que caracterizó a Saramago*. Desde la filantropía, y sin apoyo religioso alguno, fue el defensor de las causas perdidas, algunas de las cuales se ganaron gracias a su apoyo. Citaré solo tres, de entre las más emblemáticas: la solidaridad con el pueblo palestino ante la masacre de que fue objeto entre diciembre de 2008 y enero de 2009 por parte del Ejército israelí, que causó 1400 muertos, y que Saramago calificó de «genocidio»; el apoyo y acompañamiento a la dirigente saharaui Aminatou Haidar durante su huelga de hambre en el aeropuerto de Lanzarote; y el haber destinado los derechos de autor de su entonces última novela a los damnificados del terremoto de Haití.

Mientras releía su novela *Caín,*[5] me vinieron a la memoria las palabras de Epicuro: «vana es la palabra del filósofo que no sea capaz de aliviar el sufrimiento humano». También la afirmación del teólogo alemán Dietrich Bonhoeffer, mártir del nazismo, que pagó con su vida la lucha de pensamiento, palabra y obra contra Hitler: «No estamos simplemente para vendar las heridas de las víctimas bajo las ruedas de la injusticia, estamos para trabar la rueda misma con la palanca de la justicia».[6]

5 José Saramago, *Caín,* Madrid, Alfaguara, 2009.
6 Citado en Eberhart Bethge, *Dietrich Bonhoeffer. Teólogo cristiano contemporáneo,* Bilbao, Desclée de Brouwer, 1970.

En el caso de Saramago, sus palabras y sus textos no fueron vanos. Estaban cargados de solidaridad y de compromiso con las personas más vulnerables y los pueblos oprimidos, como el palestino, el saharaui y el haitiano. Por eso me atrevo a aplicarle el título de una parábola evangélica, quizá la más hermosa y de mayor contenido ético compasivo: el «Buen samaritano», liberada de toda connotación religiosa.

Esta parábola es, sin duda, una de las más severas críticas contra la religión oficial, leguleya e insensible al sufrimiento humano; una de las denuncias más radicales contra la casta sacerdotal y clerical, adicta al culto y ajena al grito de las víctimas, y uno de los más bellos cantos a la ética de la solidaridad, de la compasión, de la projimidad, de la alteridad, de la fraternidad-sororidad. Una ética laica, por último, no mediada por motivación religiosa alguna.

El sacerdote y el clérigo, funcionarios de Dios, pasan de largo o, peor aún, dan un rodeo para no auxiliar a la persona malherida. El samaritano, ajeno a la religión oficial y considerado un hereje para los judíos, aparece, a los ojos de Jesús y del propio jurista, como ejemplo a imitar por haber tenido entrañas de misericordia. Por su comportamiento humanitario, el hereje se convierte en sacramento del prójimo; por su actitud inmisericorde, el sacerdote y el levita devienen antisacramento de Dios: es la religión del revés o, si se prefiere, la verdadera religión, la que consiste en defender los derechos de las víctimas, caminar por la senda de la justicia y seguir la dirección de la compasión. Así entendieron la religión los profetas de Israel, los fundadores y reformadores de las religiones.

Se comparta o no la lectura de la Biblia judía que hace Saramago, creo que hay que estar de acuerdo con él en que «la historia de los hombres es la historia de sus desencuentros con Dios, ni él nos entiende a nosotros, ni nosotros lo entendemos a él». ¡Excelente lección de contrateología!

Cualquiera que fuera la responsabilidad de Caín o de Dios en la muerte de Abel, queda en pie una pregunta que hoy sigue tan viva como entonces, o más, y que apela a la responsabilidad de la humanidad en el actual desorden mundial, en las guerras y las hambrunas que asolan nuestro planeta: «¿Dónde está tu hermano/a»? (Gn 4,9). Y la respuesta no puede ser un evasivo «no sé. ¿Soy yo acaso el guardián de mi hermano?», sino la del Samaritano que demuestra compasión con una persona malherida que a nivel religioso es adversaria suya. ¡Excelente lección de ética solidaria laica!

El relato de mi relación con Saramago y su obra pone de manifiesto que creyentes y no creyentes pueden vivir una espiritualidad común desde diferentes procedencias y tradiciones, a partir de la experiencia de lo humano como búsqueda de sentido y de la compasión con las víctimas como fundamento de la ética, de nuestros juicios morales y de nuestras prácticas sociales.

En ello coinciden las diferentes éticas: filosóficas y teológicas, cívicas y religiosas, que se muestran en mi libro *La compasión en un mundo injusto* y que se recogen en textos emblemáticos de permanente actualidad:

- «Para que el fuerte no oprima al débil, para hacer justicia al huérfano y a la viuda, que el oprimido venga ante mi estatua, ante mí rey de justicia y que lea en voz alta la inscripción y escuche mis palabras». (Código de Hammurabi)

- «Vana es la palabra de aquel filósofo que no remedia ninguna dolencia del ser humano». (Epicuro)

- «Habla por el que no puede hablar y defiende la causa del desvalido. Habla para juzgar con justicia y defiende la causa del humilde y del pobre. (Libro de los Proverbios 31,8)

- «No necesitan médico los que están fuertes, sino los que están mal. Id, pues, y aprended qué significa Misericordia [compasión] quiero, que no sacrificios». (Mt 9.13)

- «En el nombre de Dios, el Compasivo, el Misericordioso». (Corán)

- «Obra de tal modo que trates a la humanidad tanto en tu propia persona como en la persona de cualquier otro, siempre como un fin, nunca simplemente como un medio». (Kant)

- «¿Sabes, Jürgen [Habermas]? Ahora ya sé en qué se fundan nuestros juicios de valor más elementales: en la compasión, en nuestro sentimiento por el dolor de los otros». (Herbert Marcuse)

4. Creyentes y no creyentes: juntos para sufrir el mal y combatirlo

En la novela de Albert Camus *La peste,* uno de los mayores éxitos editoriales durante la pandemia, tras los permanentes desencuentros entre el jesuita Paneloux y el doctor Bernard Rieux durante la epidemia que azota la ciudad argelina de Orán con gran severidad, el primero le dice al doctor: «Debemos amar lo que no podemos comprender», a lo que el doctor le responde que él tiene otra idea del amor y que está dispuesto a negarse hasta la muerte «a amar esta creación donde los niños son torturados».

Cuando Paneloux le habla a Rieux de la gracia, este le reconoce que carece de ella, pero no quiere discutir de ello y le dice: «Estamos trabajando juntos por algo que nos une más que las blasfemias y las plegarias. Esto es lo único importante [...]. Lo que yo odio es la muerte y el mal, usted lo sabe bien. Y quiéralo o no, estamos juntos para sufrirlo y combatirlo».[7] Esa es, en mi opinión, la función de la ciencia y de la religión.

El trabajo solidario de ambas puede salvar a la humanidad de esta y otras tragedias. La guerra entre ellas costará todavía más vidas humanas que las producidas por la pobreza, como sucede en todos los conflictos armados. Sería un gravísimo error y una irresponsabilidad mayor sustituir las guerras de religiones por guerras entre la ciencia y la fe religiosa.

Como dice el doctor Rieux, al terminar la peste en la ciudad de Orán, donde ejercía como médico, la ciencia y la religión no deben callar, sino:

> Testimoniar en favor de los apestados, para dejar por lo menos un recuerdo de la injusticia y de la violencia que les había sido hecha y para decir simplemente algo que se aprende en medio de las plagas: *en el ser humano hay más cosas dignas de admiración que de desprecio. [...]* Ya ve —responde Paneloux—, Dios no puede separarnos ahora.[8]

7 Albert Camus, *La peste,* Barcelona, Edhasa, 2020, pp. 347-351.
8 *Ibid.,* p. 351.

V. Filosofía, mística y ateísmo

1. Ciencia, filosofía y mística

Los investigadores del fenómeno religioso, los autores y autoras de los diferentes ámbitos del saber mantienen un consenso respecto de que la experiencia que mejor y más auténticamente expresa la vivencia espiritual es la *mística,* valorada tanto por creyentes como por no creyentes.

El filósofo francés Henri Bergson es, sin duda, uno de los pensadores que más se ha ocupado de ella, la ha situado en el centro de su filosofía superando el dualismo antropológico que ha caracterizado la espiritualidad cristiana durante muchos períodos de su historia. Para él, la vida es una totalidad que se caracteriza por una creatividad sin fin, y distingue dos tipos de moral. Una, la de la sociedad cerrada, es conformista, impersonal, estática y tiene su base en el prejuicio y en los tabúes.

La otra es la moral de la sociedad abierta, que es innovadora, dinámica e inconformista. A ambos tipos de moral corresponden dos modelos de religión: uno es el estático y «antiintelectual», se basa en el mito y busca aplacar los miedos individuales; el otro es el místico, que mantiene una coincidencia parcial con el esfuerzo creador que se manifiesta en la vida que pertenece a Dios. La mística consiste precisamente en que Dios es amor y objeto de amor.

En este modelo de religión, los místicos son necesarios para la humanidad. Ahora bien, la mística no es privilegio de las grandes personalidades de la historia; en cada ser humano hay un místico, si bien adormecido a la espera de la ocasión en la que pueda emerger. Entre los místicos cristianos, Bergson cita a Pablo de Tarso, Francisco de Asís, Teresa de Jesús y Catalina de Siena, cuyos éxtasis les sirvieron para llevar a cabo las grandes transformaciones de su tiempo.[1]

Por otro lado, califica de incompletos los misticismos de la antigua Grecia y de las religiones orientales.

También cabe aquí hacer referencia al *Tractatus logico-philosophicus,* de Ludwig Wittgenstein,[2] en cuya parte final se aborda el tema de «lo místico» con gran lucidez y profundidad, eso sí, dentro de la oscuridad que caracteriza su estilo. El filósofo de Viena afirma la existencia de lo inexpresable, que identifica con «lo místico»: «Indudablemente existe lo inexpresable. Esto se *muestra,* es el elemento místico» (5.522).

Wittgenstein relaciona lo místico con una concepción contemplativa del mundo en cuanto totalidad limitada: «Contemplar el mundo *sub specie aeterni* es contemplarlo en cuanto totalidad, pero totalidad limitada. El sentimiento en cuanto totalidad limitada constituye el elemento místico» (6.45). Lo místico «no es cómo sea el mundo, sino *que* sea el mundo» (6.44). «Cómo sea el mundo es completamente indiferente para lo que está más alto. Dios no se revela *en* el mundo» (6.432). El cómo del

1 Cf. Henri Bergson, *Las dos fuentes de la moral y de la religión,* ed. de Jaime Salas y José Atencia, Madrid, Trotta, 2020; José Manuel Santiago Melián, *La mística como culminación de la religión en Henri Bergson. Aproximación a una filosofía del fenómeno místico a partir del análisis realizado por Bergson en «Les deux sources de la moral y de la religion»,* Madrid, UNED, 2016.

2 Cf. Ludwig Wittgenstein, *Tractatus lógico-philosophicus,* trad. de Jacobo Muñoz e Isidoro Reguera, Madrid, Gredos, 2017.

mundo es decible, puede ser objeto de descripción, no así Dios, que está más allá del mundo y no puede aparecer en él.

«Al encontrarse Dios en el terreno de lo indecible, no es posible plantear cuestión alguna en torno a él, pues una pregunta solo existe cuando hay una respuesta, y la condición de existencia de una respuesta es que puede decirse algo» (6.51). Lo místico cae del lado de lo inefable, se encuentra fuera de los límites del lenguaje y no puede ser objeto de investigación filosófica. Conforme a esta lógica, Wittgenstein quizá tenga *in mente* a Dios y lo místico cuando afirma en el último aforismo del *Tractatus* que: «De lo que no se puede hablar, es mejor callar».

Es posible que este planteamiento acuse la influencia de Tolstói, de quien Wittgenstein era asiduo lector. Uno de los relatos del escritor ruso que más le impresionaban era el de un campesino que, al ser preguntado por otro amigo, también campesino, sobre un hecho milagroso, le responde con cierto aire de sobrecogimiento: «Esto es Dios, amigo mío. Pero ven a mi casa y prueba un poco de miel». Ante el misterio y lo inexpresable no cabe otra actitud que el silencio y el disfrute de la dulzura de la vida.

Enseguida surge la pregunta: ¿Wittgenstein era ateo o teísta? La respuesta viene del filósofo francés Jean Ladrière, quien afirma que el autor del *Tractatus* elimina a Dios en el nivel del lenguaje, pero lo incorpora en el plano de «lo místico»: «Ateo, con rigor, en el plano del lenguaje metafísico; profundamente teísta en el plano de la experiencia metalingüística de las certezas "místicas"».[3]

La mística remite al misterio: misterio del ser, misterio del todo, y al silencio: el silencio de la atención, el

3 Jean Ladrière, «Ateísmo y neopositivismo», en G. Girardi (dir.), *El ateísmo contemporáneo* I, Madrid, Ediciones Cristiandad, 1971, p. 400.

silencio de la contemplación, de lo real, del pensamiento, afirma Krishnamurti.[4]

Quizá en el lado de la mística haya que situar el «sentimiento oceánico», tomando la expresión del escritor francés Romain Rolland, premio nobel de literatura, del que Freud se ocupa en *El malestar de la cultura*. Tras la lectura de *El porvenir de una ilusión,* Rolland le hizo ver que en su análisis de la religión no había tenido en cuenta un sentimiento que, a su juicio, constituía la fuente última y el origen de la experiencia religiosa: el sentimiento oceánico. Se trata del sentimiento de algo que no tiene límites ni barreras, de un sentimiento de comunión indisoluble con el gran Todo, es decir, con la totalidad del mundo. Para Freud, a diferencia de Rolland, dicho sentimiento es solo una experiencia que no es la fuente de la religión, ni tiene nada de religiosa.[5]

La experiencia de la naturaleza, en su inmensidad, es una experiencia espiritual «porque ayuda al espíritu a librarse, al menos en parte, de la estrecha prisión del yo».[6] En la misma dirección se mueve el filósofo indio Krishnamurti, para quien la eliminación del yo para que el Otro entre constituye la solución del problema.

Los especialistas en literatura mística coinciden en afirmar que las raíces de la subjetividad moderna europea se encuentran en el movimiento místico, ya que es a través de él como se llega al fondo de la propia esencia de cada ser humano. La experiencia mística convierte al ser humano en un ser libre y autónomo, según María Zambrano. La mística femenina, en particular, constituye un cuestionamiento de lo que la sociedad imponía a las mujeres y proporcionaba a estas un espacio de libertad que no encontraban ni en

4 Cf. Jiddu Krishnamurti, *La libertad interior,* Barcelona, Kairós, 1993; id., *Darse cuenta. La puerta de la inteligencia,* Madrid, Gaia, 2010.

5 Cf. Sigmund Freud, *Obras Completas* III, Madrid, Biblioteca Nueva, 1973 (3.ª ed.), pp. 3017 ss.

6 André Comte-Sponville, *El alma del ateísmo, op. cit.,* p. 156.

las estructuras jerárquico-patriarcales de la Iglesia institucional ni en las instituciones políticas, ni en la propia familia.

La unión directa con Dios las autorizaba a actuar de forma atípica, por encima de las normas establecidas. Se oponían así al patriarcado, exponiéndose a la acusación de degeneradas porque no cumplían lo establecido para su género, por lo que con frecuencia daban con sus huesos en la hoguera. ¿Un ejemplo? La beguina medieval Margarita Porete, cuya obra *El espejo de las almas simples* fue quemada en la hoguera en 1306 y cuatro años después ella misma corrió la misma suerte.[7]

2. De la filosofía a la mística: el ejemplo de María Zambrano

En el pensamiento occidental no es frecuente el viaje desde la filosofía hacia la mística que supone la superación del rigorismo de ciertas corrientes racionalistas. Un ejemplo de este viaje es María Zambrano, que rebasa la vía racional sin por ello eliminarla. En su pensamiento confluyen tradiciones filosóficas y poéticas, religiosas y éticas, místicas y metafísicas de diferentes épocas y tendencias: el orfismo y el pitagorismo, el gnosticismo y el neoplatonismo, Clemente de Alejandría y el Pseudo-Dionisio, Séneca e Ibn Arabi, la cábala y el sufismo, Plotino y Spinoza, san Juan de la Cruz y Miguel de Molinos, Nietzsche y Heidegger, Gabriel Marcel y Henri Bergson, Machado y Unamuno, Neruda y José Ángel Valente.[8]

En María Zambrano convergen tres herencias: la existencial, la fenomenológica y la vitalista. En un temprano

---

7 Cf. Margarita Porete, *El espejo de las almas simples,* Madrid, Siruela, 2005.
8 He elaborado un perfil intelectual de María Zambrano en Juan José Tamayo, *Cincuenta intelectuales para una conciencia crítica,* Barcelona, Fragmenta, 2013, pp. 41-50.

artículo publicado en febrero de 1966 en la *Revista de Occidente,* Aranguren calificaba la obra de Zambrano de «nociencia (religión, poesía y metafísica) unificada».

Las raíces del pensamiento filosófico de Zambrano brotan del empeño por armonizar metafísica y mística y por elaborar un nuevo paradigma de razón, la razón poética, como superación de la frialdad de la racionalidad moderna y como respuesta a la crisis existencial y filosófica vivida en la década los años cuarenta del siglo pasado. Se trata de un buen resumen de las principales líneas por donde discurre una de las aportaciones más creativas de la filosofía española a lo largo del siglo XX, que Zambrano llevó a cabo en el exilio, sin apenas conocimiento y reconocimiento en España hasta muy tardíamente.

La deriva mística de Zambrano logra su máxima expresión en *El hombre y lo divino* y en *Claros del bosque.*[9] El primero fue publicado en 1955, durante su estancia en Roma, y se reeditó en 1973 con la inclusión de dos textos más. El libro constituye la cima de su pensamiento. Albert Camus lo consideraba la obra filosófica más importante del siglo XX. El día de la muerte de este premio nobel en un accidente de tráfico llevaba consigo este libro para publicarlo en la editorial Gallimard.

En *El hombre y lo divino* Zambrano llama la atención sobre la crisis de la modernidad y de la razón diseñada por la filosofía moderna, con el acento puesto en la crisis religiosa producida por la ausencia de piedad. Dentro de la mejor tradición mística se refiere al *homo absconditus* y al *Deus absconditus* y pretende desvelar el binomio «hombre-Dios» hasta dar con el verdadero ser humano, que encuentra en el sufismo, cuya figura de referencia es el místico

9 María Zambrano, *El hombre y lo divino,* introducción de Carmen Revilla Guzmán, Madrid, Alianza Editorial, 2020; *id., Claros del bosque,* introducción de Joaquín Verdú de Gregorio, Madrid, Alianza Editorial, 1977.

musulmán español Ibn Arabi. Analiza la nueva religión sin Dios, la religión de lo humano, donde el ser ascendido ocupa el lugar de lo divino. En esta etapa los temas de la filosofía se presentan como misterios, más que como problemas.

Claros del bosque, por su parte, recoge textos escritos en los inicios de la década de 1970. Ordenados por un amigo, el poeta José Ángel Valente, se publicaron en 1977, cuando Zambrano vivía en una casa de campo del Jura francés en condiciones muy precarias tanto por la enfermedad y las estrecheces económicas como por la soledad tras la muerte de su hermana Araceli, a la que se encontraba muy unida y a quien dedica el libro. «Creo —afirma— que el carácter de ofrenda de *Claros del bosque* a la persona a quien va dedicado en su tránsito tiene que ver en ello, acentuando así el carácter de ofrenda que todo lo que he publicado tiene desde siempre. Nada es de extrañar que la razón discursiva apenas aparezca».

Así, con recursos literarios propios del discurso místico y bajo la influencia directa de san Juan de la Cruz, transmite sus propias «vivencias estáticas, súbitas y discontinuas, alcanzadas en esos momentos privilegiados en los que se produce una mostración del ser», según comenta Mercedes Gómez Blesa en su espléndida edición e introducción a *Claros del bosque,*[10] Zambrano utiliza un lenguaje que desvela lo indecible al tiempo que lo vela, muy consciente de que está expresando lo inefable.

3. De la mística al ateísmo: ateísmo místico

La mística constituye, según el filosofo de la esperanza Ernst Bloch, el inicio del proceso de la devolución de lo divino a la humanidad, de la reintegración al ser humano de los tesoros malvendidos y de la reconducción de Dios

---

10 Mercedes Gómez Blesa, «Introducción», en M. Zambrano, *Claros del bosque,* ed. de M. Gómez Blesa, Madrid, Cátedra, 2011.

al sujeto. Es la mejor confirmación del proceso de antropologización de la religión que Feuerbach llevó a cabo pasando por Hegel.[11] Bloch apela, para demostrarlo, a personalidades místicas como Joaquín de Fiore, Maestro Eckhart, Johannes Tauler, Enrique Susón, Sebastian Franck, Thomas Müntzer, Angelus Silesius y a movimientos proféticos como los Hermanos del Espíritu Libre y las beguinas.

En la teología negativa de Eckhart, Bloch identifica ciertas conexiones con lo que denomina «ateísmo místico», y con la antropologización feuerbachiana de la religión. «Dios es el pleno vacío, la nada pura», afirma Eckhart, lo despojado de todo lo que se conoce como institución existente y necesita al ser humano, pues le da la plenitud. Se produce así un abismo en el que se encuentran el Dios despojado y el ser humano despojado.[12] Tiene lugar aquí una inversión del acto de la creación: no es Dios quien crea al ser humano a su imagen; es, más bien, el ser humano quien crea de manera incesante a Dios en su imagen.

Tal aseveración se basa en la interpretación que hace Bloch de la mística del Maestro Eckhart: «El hombre se convierte en objeto del más alto respeto. Nunca se pensará bastante alto de él. El hombre llega a ser Dios y Dios se hace hombre en el fondo, o —lo que es lo mismo— en la concentración máxima que la conciencia puede lograr [...]. El hombre es Dios, Dios es el hombre: tal es la ecuación de la mística de Eckhart en el punto de la *sindéresis* («conciencia espiritual», «centella»)».[13]

---

11 Cf. Ludwig Feuerbach, *La esencia del cristianismo,* Salamanca, Sígueme, 1975.

12 Ernst Bloch, *Entremundos en la historia de la filosofía,* Madrid, Taurus, 1984, p. 135; cf. Maestro Eckhart, *El fruto de la nada,* ed., introducción, trad. y notas de Amador Vega Esquerra, Madrid, Alianza Editorial, 2021; Amador Vega, *Tentativas sobre el vacío. Ensayos de estética y religión,* Barcelona, Fragmenta, 2023.

13 *Id., Entremundos en la historia de la filosofía, op. cit.,* pp. 127 y 138. cf. Ernst Bloch, *Ateísmo en el cristianismo. La religión del éxodo y del reino,* Madrid, Trotta, 2019.

En el sermón «Vivir sin porqué», el Maestro Eckhart muestra la identificación de Dios con el ser humano y la de este con Dios:

> De la misma manera en que el Padre engendró de forma natural al Hijo en su naturaleza simple, igualmente lo engendra en lo más íntimo del espíritu, y ese es el mundo interior. Aquí el fondo de Dios es mi fondo, y mi fondo es el fondo de Dios. Aquí vivo de lo mío, como Dios vive de lo suyo. [...]. Sal totalmente de ti, por la voluntad de Dios, y Dios saldrá totalmente de sí por voluntad tuya. Cuando ambos salen de sí mismos, lo que queda es uno simple.[14]

En el mismo horizonte hay que ubicar, tres siglos después, a Angelus Silesius (Johannes Scheffler), autor de *El peregrino querúbico. Dios y el yo en su unión mística,*[15] cumbre del misticismo barroco alemán, de quien Bloch dice que parecía haber leído antropológicamente a Hegel y Feuerbach. El libro se inspiraba en Eckhart, Jacob Böhme, Tauler y Juan de la Cruz e influiría en la obra de Schopenhauer, Wittgenstein, Heidegger y Derrida.

Amador Vega recoge afirmaciones de Silesius que apuntan al planteamiento de la identificación de Dios y el ser humano de Eckhart.[16] Algunos ejemplos de esta identificación son:

- El ser humano es quien mantiene a Dios: «Sin mí, Dios no puede hacer ni siquiera un gusanito. Si yo no lo mantengo, inmediatamente desaparecerá». (1.96)

14 Maestro Eckhart, *El fruto de la nada, op. cit.,* pp. 71-72.
15 Angelus Silesius, *El peregrino querúbico,* ed. de Lluís Duch, Madrid, Siruela, 2005; cf. Amador Vega, «El lenguaje excesivo de Angelus Silesius», en *id., Tentativas sobre el vacío, op. cit.,* pp. 481-504.
16 Amador Vega, «El lenguaje excesivo de Angelus Silesius», en *Tentativas sobre el vacío, op. cit.,* pp. 490-491.

- El ser humano y Dios son principio y fin el uno del otro: «Dios es mi último fin. Si yo soy su principio. Él tiene su esencia en mí y yo me pierdo en Él». (1.276)

- El ser humano es la alteridad de Dios: «De Dios soy el otro yo. Solo en mí encuentra lo que será igual a Él en la eternidad». (1.178)

- Dios y el ser humano se sostienen mutuamente: «Yo importo tanto a Dios como Él a mí. Lo ayudo a mantener su ser, y Él al mío». (1.100)

- Dios y el ser humano están el uno en el otro: «Yo no soy fuera de Dios y Dios no es fuera de mí. Yo soy su resplandor y su luz, Él es mi ornamento». (1.106)

San Juan de la Cruz muestra similitudes con el Maestro Eckhart cuando se refiere a la desnudez y al vacío del amor y de Dios: «El amor no consiste en sentir grandes cosas, sino en tener grande desnudez», afirma el místico descalzo. Y «la desnudez —comenta Lola Josa— es el mismo Dios [...]. La espiritualidad hebrea entendió que un cuerpo desnudo es la mejor representación física del vacío sin el cual es imposible el amor y la experiencia del amor. El amor comporta muertes, desprendimiento, pérdida de velos hasta llegar a la desnudez».[17]

Ya en la primera estrofa del *Cántico* san Juan de la Cruz deja implícita la *nada* de Dios y su ocultamiento en plena coincidencia con la Carta de Pablo de Tarso a los Filipenses, que habla del vaciamiento, de la *kénosis* y de la renuncia de Cristo Jesús a su divinidad:

17 San Juan de la Cruz, *Cántico espiritual,* nueva ed. de Lola Josa a la luz de la mística hebrea, Barcelona, Lumen, 2023, pp. 93 y 145.

Tened, pues los sentimientos que corresponden a quienes están unidos a Cristo Jesús, el cual, siendo de condición divina, no consideró como presa obediente el ser igual a Dios. Al contrario, se despojó de su grandeza. Tomó la condición de esclavo y se hizo semejante a los seres humanos. Y en su condición de ser humano, se humilló a sí mismo haciéndose obediente hasta la muerte, y una muerte de cruz. (Flp 2,6-8)

En sus estudios sobre la obra de san Juan de la Cruz, Jean Baruzi escribe:

La experiencia mística implica una negación de todo lo que aparece. Toda fenomenalidad queda suspendida. La experiencia mística, en un sentido realista del término, no puede ser experiencia de un objeto. Ni tan siquiera es prueba de una presencia. Pues todo sentimiento de una presencia es todavía un fenómeno.[18]

Para tener a Dios, afirma san Juan de la Cruz, es necesario que el alma, el corazón y la voluntad estén vacíos y desnudos, ya que los bienes de Dios no caben sino en un corazón vacío. La unión con Dios no tiene lugar por ningún medio aprehensivo del apetito, sino por amor. En suma, afirma Lola Josa, en el *Cántico* «el "vacío", el "amor" y Dios son equivalentes, al igual que lo son en la mística hebrea por el valor de sus números y letras».[19]

Para Simone Weil el vacío constituye la condición de posibilidad para una existencia religiosa y humana auténtica. La gracia solo puede entrar en el ser humano donde hay vacío para recibirla. El vacío debe formar parte de la

18 Jean Baruzi, *L' intelligence mystique,* París, Berg, 1985, p. 60, citado por Amador Vega en *Tentativas sobre el vacío,* Barcelona, Fragmenta, p. 17.
19 San Juan de al Cruz, *Cántico espiritual, op. cit.,* p. 97.

representación del mundo para que «el mundo tenga necesidad de Dios».[20] La identidad de Cristo se encuentra no en su divinidad, sino en el vaciamiento de ella. La grandeza del ser humano no radica en un supuesto poder prometeico, sino en vaciarse de su falsa divinidad. El abandono de Jesús en la cruz es la verdadera prueba de que «el cristianismo es divino»,[21] el amor a la verdad, en fin, consiste, según Weil, en soportar el vacío.

Leibniz afirmaba ya en 1695 que entre los místicos había pasajes de una osadía extrema que casi se inclinaban hacia el ateísmo. Alexandre Kojève iría más allá al afirmar que «toda mística auténtica es de hecho más o menos atea». Nietzsche, con la desmesura que le caracterizaba, escribió: «Soy místico y no creo en nada».[22] En el prólogo a la obra colectiva *La Mystique et les Mystiques,* de 1965, el teólogo jesuita francés Henri de Lubac llegó a afirmar que la deriva del misticismo natural era el ateísmo:

> En su última realización, el misticismo natural, convertido en naturalista, sería un «misticismo puro»; en el límite, al no reconocer ya ningún objeto, sería de alguna manera la intuición mística hipostasiada, lo que nos parece la forma más profunda del ateísmo.[23]

20 Simone Weil, *La gravedad y la gracia,* Madrid, Trotta, 1994, p. 62.
21 *Ibid.,* p. 127.
22 Tomo estas citas de André Comte-Sponville, *El alma del ateísmo, op. cit.,* p. 196.
23 Henri de Lubac, «Mystique et Mystère», en André Ravier (ed.), *La Mystique et les Mystiques,* París, 1965. Este texto, ampliado, fue incorporado en Henri de Lubac, *Theologie d'occasion,* París, Desclée de Brouwer, 1984.

Conclusión. El gentil y los tres sabios: una espiritualidad abierta

Termino con el relato del teólogo y filósofo español medieval Ramon Llull (1233-1315), en su *Libro del gentil y los tres sabios,*[1] todo un ejemplo de interespiritualidad entre las religiones monoteístas y la increencia religiosa, que debería extenderse al conjunto de las religiones y de las espiritualidades laicas.

Un gentil que no conocía a Dios, ni creía en la resurrección, ni en que hubiera nada después de su muerte, vivía en un permanente estado de insatisfacción. A cada paso sus ojos se llenaban de lágrimas y su corazón de tristeza. Salió de su tierra y fue a un bosque solitario en busca de la verdad.

Allí se encontró con tres sabios: un judío, un cristiano y un musulmán, quienes le fueron demostrando la existencia de Dios y su relación con las criaturas, y le expusieron lo peculiar y distintivo de cada religión. Llull describe las leyes de cada una de las religiones con gran erudición. Previamente se habían fijado las condiciones a tener en cuenta en el diálogo, compartidas por las tres religiones. Tras escuchar los argumentos de los tres interlocutores, el gentil pudo constatar que cada religión poseía sus propias leyes, pero él tenía que tomar una decisión sobre qué religión abrazar. El gentil dirigió una oración

---

1 «Llibre del gentil e dels tres savis», en *Obres selectes de Ramon Llull (1312-1316),* 2 vols., Mallorca, Moll, 1989, pp. 89-272.

de adoración y de acción de gracias a Dios en actitud reverente. Cuando terminó de rezar se lavó las manos y la cara en una fuente que había allí y dijo a los tres sabios:

> En este lugar donde tanta buenaventura y felicidad me ha sido dada, quiero, en presencia de vosotros, elegir aquella ley que me es significada como verdadera, por la gracia de Dios y por las palabras que vosotros me habéis dicho. En esta ley, quiero estar, y por ella quiero trabajar todos los días de mi vida.[2]

Los tres sabios bendijeron al gentil y este a los tres sabios. Se abrazaron, se besaron y lloraron juntos de alegría.

Antes de que los tres sabios partieran de allí, el gentil se maravilló de que no le preguntaran qué ley había elegido. Los tres sabios le dijeron que, más allá de que cada uno tuviera su credo, no querían saber cuál había sido su elección. Si la hubieran conocido, se habría dado por terminado el diálogo entre las tres espiritualidades.

La actitud del gentil abre el camino no solo al diálogo interreligioso, sino también con los no creyentes. Antes de despedirse y de partir cada uno hacia su lugar de residencia, los tres sabios se pidieron perdón y acordaron seguir dialogando.

Magnífica lección que deberíamos aprender y practicar en esta época marcada por la polarización extrema en todos los ámbitos. La búsqueda de un nuevo consenso universal que respete la polifonía cultural, religiosa, étnica, social, política, es decir, que respete todas las dimensiones que configuran la realidad de los seres humanos es el gran desafío para el siglo XXI.

2 *Ibid.*, p. 268.